U0952260

云南百位历史名人传记丛书

中共云南省委宣传部◎编

出版家
黄洛峰

辛　锋　王思懿◎著

云南出版集团
云南人民出版社

图书在版编目（CIP）数据

出版家——黄洛峰 / 辛锋，王思懿著. -- 昆明：云南人民出版社，2017.4
（云南百位历史名人传记丛书）
ISBN 978-7-222-15803-0

Ⅰ. ①出… Ⅱ. ①辛… ②王… Ⅲ. ①黄洛峰（1909-1980）-传记 Ⅳ. ①K825.42

中国版本图书馆CIP数据核字(2017)第050147号

出 品 人：李　维
　　　　　赵石定
责任编辑：朱　颖　李东华
装帧设计：马　滨
责任校对：范晓芬
责任印制：马文杰

书名　出版家——黄洛峰
作者　辛锋　王思懿　著
出版　云南出版集团　云南人民出版社
发行　云南人民出版社
社址　昆明市环城西路609号
邮编　650034
网址　http：//ynpress.yunshow.com
E-mail　ynrms@sina.com
开本　889mm×1194mm　1/32
印张　7.875
字数　120千
版次　2017年5月第1版第1次印刷
印刷　昆明卓林包装印刷有限公司
书号　ISBN 978-7-222-15803-0
定价　24.00元

如有图书质量与相关问题请与我社联系
审校部电话0871-64164626　印制科电话0871-64191534

云南百位历史名人传记丛书

编委会名单

主　任　赵　金

副主任　宣宇才　蔡春生　黄　尧

编　委　刘　荣　王　岭　范建华　李　维
林文勋　杨林兴　陈友康　杨正权
张　勇　张昌山　林超民　余嘉华
谢本书　吴宝璋　李继红　杨安兴
刘大伟　李银和　赵石定　周　祥
王建南　张平慧

总 序

丛书编委会

历史长河浩浩荡荡！中华文明自滥觞至汇聚千流，涵纳万水，奔腾迭起，云蒸霞蔚，延五千年之长史，至今生机勃然，是迄今世界上唯一保持完整且衍传有序、光耀于人类的伟大文明。

习近平总书记指出：一个国家、一个民族的强盛，总是以文化兴盛为支撑的。中华民族是具有非凡创造力的民族，我们创造了伟大的中华文明，实现中华民族伟大复兴的中国梦，必须弘扬中国精神。以爱国主义为核心的民族精神，以改革创新为核心的时代精神，是兴国之魂，强国之魂。

云南，是祖国西南神奇、美丽、富饶的宝地，是中华文明中极具特质和创造潜力的丰美之乡。云南少数民族文化是中华民族文化的重要瑰宝。长期以来，云南大地上，各民族和睦与共，相濡相生，共同创造了色彩瑰丽、形态多元、底蕴厚重、影响深远的历史文化，为我们留下了珍贵的精神遗产。人，是历史的镜子，是历史最生动的环节，人民是历史的主人和创造主体。在人类历史的进程中，一个个不同时期的代表人物产生过一些不同的影响。“云南百位历史名人传记丛书”就是这样一丛历史的记录，一百位历史名人，虽未必尽能概全，各位历史人物的代表性也不尽相同，但都是“追梦人”，是振兴民族伟大理想的传薪人、探索者和实践家。

在这些代表人物中，无论是拓土开疆的将帅勇者，还是蹈海酬志的大国使节；无论是志于传播文明的鸿儒巨擘、先哲贤士，还是为民族独立解放而高歌猛进、慷慨捐躯的群雄英杰，都贯注了这一重要精神。正是以他们为代表的云南各族人民创造并抒写了可歌可泣的英雄史章，熔铸了坚韧不拔、奋为人先、包容博大、敢于担当的精神品质，才使云南在中华文明的长史中闪耀着特有的光辉。尤在近代中国，在辛亥护国风云中，在反对外辱保卫祖国边疆维护民族尊严、抗击日本法西斯侵略中，云南站在历史前台，以中华群雄的不屈身影演出了一幕幕豪迈悲壮的历史大戏，也更涌现了一批足以彪炳史册、光照后人的杰出人物。这一切，给予中国历史进程深远的影响。

今天，实现中华民族伟大复兴之梦，谱写富民强滇中国梦的云南篇章，需要以中华文化发展繁荣为重要条件，这就需要接续这一光荣而伟大的精神传统，在继承中创新，在创新中发展，在发展中超越。云南正处于一个新的历史起点上，需要大力挖掘历史文化资源，聚合更强大的精神动力，为推动我省科学发展、和谐发展、跨越发展凝心聚力。为此，我们组织省内外专家学者编写出版了“云南百位历史名人传记丛书”。这对加强我省各族人民，尤其是青年一代对历史的了解、认同，爱国爱乡爱民并甘于奉献，对提升优秀精神品质，形成团结奋斗的共同的思想基础，坚定推进富民强滇的信心和决心，显然有着重要的现实意义和切实的助力。

一百位历史人物，所处历史时期并不相同，其历史作用也有差异，甚至就个人的全面历史评断方面也难以等量趋同。但我们以为这些留存史迹的人物，所以传扬至今，为后世崇奉，均有他们共同的历史向度和价值取向，我们学习这些历史人物，至少应当着重于以下几个大的方面，即：“守大德、重大义、集大成、有大度、达大观”。

守大德，即恪守道德规范。“德者，本也。”（《礼记·大学》）“大德”既是国家民族的根本利益所在，也是中国文化中最核心的价值理念及标准。古语“行德则兴，背德则崩”，不仅是资政经验，也是个人修习完善的根基。所谓“厚德载物”，直观的理解，就是如果德行浅薄，是不能兴物成事，更不能造就伟大功业的。云南历史文化名人，大多以德立身，大节不移，并对此恪守坚定，一以贯之；始终保持正确信念和理想，并为之奋斗到底。这是我们首先要学习尊崇的。

重大义，即以国家民族利益的需要为个人行为取舍的标准。有大义，才有大爱。这些先贤无不爱云南爱乡土，以兴业乡梓、造福一方为己任。尤在国家民族命运攸关、生死存亡的关头，这些令人崇敬的先辈，大义擎天，逢难不避，敢于担当，责无旁贷，勇往直前，不惧牺牲。一个心存天下大公的人总会在不经意的一瞬决定大义的选择，这是社会进步的希望所在，更何况实现中华复兴的伟大梦想，还有很多异常艰危的事业在等待我们去克难攻坚。所以，举凡大义、为民为国、全身而进的精神是我们应当效法崇尚的。

集大成，“知类通达，强立而不反，谓之大成”。这些历史人物留下的足迹，予人深刻启迪。他们无论是出将入相，还是布衣一袭，均勤学不辍，求索不止，在追求真理和知识的道路上刻苦务实，义无反顾，永无终期，故能成大器，胜大任，不辱使命。今天，世界进入知识信息时代，软硬实力决定一个国家能否赢得发展机遇，乃至自立于强国之列的地位。其紧迫性不亚于先辈梦想中国富强的百年期许。但今天所谓“集大成”，是更高更大更具有生存挑战性和发展战略性的，是集世界之“大成”，集政治经济、科技文化、制度建设、社会发展等一切领域“总成”，玉成中国梦的空前伟大的事业。所以，先人刻苦自律、博学精进的学习精神我们应当秉持继承。

有大度，即要有开放包容的胸怀。云南历史文化名人的一个共通品质，也是一个显著特点就是，即使身处僻远，总能破除狭隘与陋见，以宏大度量，兼容并包，接纳先进，吸收优异，团结一切可以团结的力量，聚合一切可以聚合的资源，总成一股创造历史的宏大动力，来完成伟大的事业。哪怕是割股舍己，也在所不惜。今天，云南要实现跨越式发展，保持开放包容的胸怀尤其重要。所以，先辈“天下云南”的大度我们应当弘扬光大。

达大观，即要眼观天下，达察全局，与时俱进，审时知变，敢为人先。推动云南社会历史进步的代表人物，无不目光远大，胸怀全局，对世界潮流、时代嬗变，都能审视洞悉，并欣然顺应规律，故能在历史转折的关键时刻做出正确选择，成就改天换地的一番伟业。古语有“小智自私”、“达人大观”，是将为个人谋私的小智谋与担当天下兴亡的大智慧尖锐对比而言的。否则，“其兴也勃焉，其亡也忽焉”。一个为民为国而应用心智的人，必然有达观天下的心怀，也由此激发潜能、超迈寻常，而使人生境界也更加美好而宏丽。遍观世界文明史，许多影响人类进步的伟大创新，正是以此为动力和起点的。今天，中国经济社会的快速发展，国家的日益强大，正为实现中华民族伟大复兴的中国梦开拓了无限广阔的道路，也为个人实现自身价值创造着更加富实的前景。所以，先辈们达观天下的精神我们应当引为楷模。

我们对志向高远、仰观天下、俯察民情、甘为路石、慨当以慷、求真务实的历史名人，心存景仰，并愿与千千万万的读者，尤其是青年朋友一道学习弘扬。

组织编撰“云南百位历史名人传记丛书”是一项重要的文化工程，编撰出版人员都做出了艰苦的努力，但由于众手修书，书稿层次不一，成书体例难以做到完全一致，对存在的不足敬请读者批评指正，我们将虚心接受，并在修订再版时一并吸纳修改完善。

目录//MULU

目录//MULU

◆ 四 走上传播真理和科学的岗位

◆ 五 重庆八年

目录//MULU

目录//MULU

◆ 九　创办文化学院

◆ 十　情　结

一 横断山下我故乡

故乡有人、有草木、有山川、有河流、有青石板的老街小巷，还有记忆中的往事，这些让人魂牵梦绕的东西，会觉得很亲很近。故乡是一幅铺在地上的画，我在画中走来走去；故乡西下的云霞，映射着晚归者的身影；故乡的山村、小溪、田野，还有不变的乡音，让我难以忘怀；远离故乡的时候，故乡更是我心中美丽的画，他乡明月，故乡事。

家乡、家庭、童年

在中国西部的云南，滇西横断山脉南端，云岭以东，金沙江西岸有一条约35公里的狭长高原谷地，这就是云南鹤庆坝子。鹤庆县东有金沙江与永胜县分津，南临鸡坪关与宾川县接界，西连马耳山与剑川县、洱源县接壤，北望玉龙雪山与丽江毗连，民国2年（公元1913年）改州为县。

明、清时期，鹤庆“商贾云集，市井兴盛”。由明代沿袭至今的每年七月松桂骡马交易会就在鹤庆的松桂，这延续了600多年的骡马交易会与大理三月街齐名。清代，由于商品经济的发展，以“兴盛和”“福春恒”等大商号为代表的大商帮迅速崛起，到清末跃居为滇西一大商帮，国内各主要城市、香港以及印度、东南亚各国均有其商号。

松桂古街道

漾弓江由北至南流经县境，转东南注入金沙江，是金沙江的主要水源之一。县境内地下水资源较丰富，形成上百个泉潭（又名龙潭），使鹤庆自古有“泉潭之乡”的美称。鹤庆坝内西山脚一线的众多龙潭，构成川流不息的水源，形成以母屯村草海为中心，水域宽阔的天然草海湿地，使鹤庆成为有名的“鱼米之乡”。

茶马古道的迤西线就从鹤庆穿过，迤西线马帮经营的贸易范围广且路线长，以下关为转运重心，辐射整个滇西、滇西北，并向西延伸至缅甸，向北经康藏进入印度。迤西线运至昆明的货物，上半年以烟、沱茶为主，下半年以山货药材、各种皮革、土杂为主。由昆明回程运至下关的货物，多为接运迤东线马帮运至昆明的四川条丝、纺丝、绸匹、布匹以及各式百货。

民国时期形成主营进出口贸易的喜洲、腾冲、鹤庆三大商帮。随行于马帮的人们不断往返于家乡和国内外商埠之间，带来了异域他乡的文化和习俗。鹤庆县城是保留中原传统文化较完整,并与当地民族文化相融合较好的古城。古城的城市布局、寺庙和宗祠、传统民居四合院、寺庙民居的楹联都包含了丰富的文化内涵。而且古城民俗文化中不仅保存传承了儒家的传统民俗,还与白族、彝族文化融合共存。

1909年2月6日，在鹤庆县城二街府的一个商业家庭，一个婴儿出生了，大人给他取名黄垲（黄洛峰），字肇元。祖父黄子光，教过私塾，曾在一家商号做事，病逝于保山，时年仅30多岁，黄洛峰没有见过他的祖父；祖母李氏，早年孀居，是位克勤克俭、性格刚毅的劳动妇女，除做家务劳动外，还在自家开的小杂货店里做点盐、茶、烟之类的小生意。

父亲黄晋侯，母亲余顺娣，精明能干，知书达理，喜欢听书看戏，教子极严格。黄洛峰兄妹两人，妹妹黄映坤。黄洛峰的父亲兄弟三人，长期共同生活，没有分家，是一个人口较多的大家庭。家业由伯父黄晋康主持。家庭主要成员都是经商，伯父、父亲和叔父黄晋卿，都是帮助别人做生意，先当学徒后当先生的。

黄洛峰两岁那年，爆发了辛亥武昌起义，昆明也爆发了辛亥重九起义。辛亥革命后，袁世凯迫使孙中山辞去临时大总统，取而代之，派特务杀害了国民党代理理事长宋教仁，与英、法、德、俄、日五国银行团非法善后大借款。袁世凯的所作所为使孙中山及一部分国民党人认清了他的真实面目，决定发动“二次革命”。在云南就发生了杨春魁起义，起义军由大理城向四周出击，邓川、洱源、剑川、漾濞、永平、巍山、宾川、盐丰等县都出现了起义军的活动，在县城里南来北往的商贩带来各种消息，让人们了解着外面的世界，县城商业圈的人士对起义军议论纷纷，众说纷纭，对袁世凯的咒骂之声不绝于耳。

1915年5月，袁世凯为换取日本支持其称帝，接受了日本提出独占中国的“二十一条”；袁世凯在得到英、德、日帝国主义各国的许诺后，12月开始接受帝位称帝，下令改民国5年为“洪宪”元年，袁世凯这个自请自愿、自拥自戴的“洪宪皇帝”正式出笼。云南军民将其捍卫民主共和制度的思想，迅速转化为反对袁世凯的物质力量，举行了护国起义，进行了护国战争。1916年1月17日，护国军击溃北方军，进入四川，进行北伐，胜利的消息传遍云南城乡，鹤庆也不例外，老百姓拍手叫好。作为6岁大的孩子，黄洛峰虽然对这些事还不大懂，但是，辛亥革命、袁世凯卖国、护国运动、护国战争、护国军、孙中山和蔡锷，这些历史的碎片散落在他年少的记忆中，这些家里人经常谈起的故事和他崇敬的英雄人物影响着他的一生。

1916年到1920年，黄洛峰到过三家私塾读书，读的是《三字经》、“四书”、“五经”还有新国文和算术。经过几年的努力学习，黄洛峰的文化提高很大，特别喜欢唐诗宋词，并写得一手好字。1921年，黄洛峰考取了本县的县立高等小学堂。

一个倔强的少年

在鹤庆，文化的传播是比较早的。公元1271年，鹤庆境内就开始设立庙学，到清代光绪年间，已经有书院4所、社学32所、义学12所。在鹤庆涌现出一批文人学士，其中有翰林3人，进士29人，举人292人。

1907年中国教育学制改革，废除科举、设立学堂。而早在光绪十五年（公元1889年）时，舒金和、李煜煊、蒋宗汉就在府治西南学宫后捐资建设玉屏书院。玉屏书院培养出了一批对中国现代社会产生重要影响的人物，如国民党政要李宗黄等。黄洛峰就读的鹤庆县立高等小学就是由玉屏书院改设而来，也是县内第一所新学。但在这所学校读了一年后，黄洛峰就感到不能满足他的求知欲望，想到昆明去。这时他的父亲和伯父在昆明的两家商号做生意，在外闯荡多年，不安于现状的父亲和伯父同意并鼓励他去昆明求学，于是黄洛峰决定离开鹤庆到昆明去。

那一年，黄洛峰仅是一个13岁的少年，要只身远离家乡到千里之外的昆明去，家里人着实为他担忧，但他信心百倍，兴致勃勃。

小小年纪的黄洛峰，怀揣对未来的美好憧憬，踌躇满志地跟随马帮上路了。他首先结识了马锅头。马锅头是古道上马帮的首领，在漫漫古道上迎着风雨前行的大小马帮，必须有一个头，这个头就是马锅头。马锅头所牵的马在额头上挂有一面镜子，马锅头和马帮中的全体人员深信，这面镜子可以把前方的危险照射出来，可以预见前方的危险和吉凶，马锅头的马还驮着一口锅，马锅头要负责所有马帮人员的生活，马锅头的称呼便由此而来。

一路上，黄洛峰耳闻目睹了马帮纵横在艰险神秘的茶马古道的苦难和艰辛，他们漂泊、浪漫、传奇的人生经历感染和鼓励着他，坚定执着的品格影响着他，让他更加坚定地向着预定的目标，用脚步去丈量这片养育了自己的土地，一步一脚印，一天一行程，脚踏实地、坚毅沉着地不回头、向前走！

这次顺迤西大道向东而行，少年黄洛峰的收获是很大的。对云南驿道艰险的体验，对劳苦民众生活的切身感受，这是黄洛峰首次接触社会，在向东行的征途上，依照着家人讲过的故事，对应着一景一物、一村一寨。在日出中起程，在峡谷、村落、河流旁野炊，在金色的夕阳照耀下，看着自己的影子前行。

响水关桥

清代以来，云南分为三迤，并以三迤代称云南。三迤即迤东、迤西、迤南三大行政区的合称。清雍正八年（1730年）置迤东、迤西道，1913年迤西道改置滇西道；清乾隆三十一年（1766年），置迤南道。迤西古道以省会昆明城为始点，远行滇西，一路雄关叠嶂，隘口交横，民间有“九关十八铺”的说法。

随马帮上路的黄洛峰，脚穿草鞋，手柱筇竹杖。一路上栉风沐雨，翻越崇山峻岭，涉过河流。向东去的马帮沿迤西线由县城往南，经南关头塘、长康铺塘、宣化铺、高家寺塘、黑泥哨塘、丽江寺塘、山神哨塘、水盘哨、瓜喇坡塘、三场旧塘、白草罗塘、板桥哨到牛街，往大理，经苍山脚下，过下关，出祥云坝子达下庄街，随后折向东走镇南，经楚雄，过禄丰的英武关、罗武关、响水关、回蹬关、南平关、五雄关、炼象关、老鸦关达安宁，过碧鸡关后从高峣渡口上船，渡过滇池到达昆明篆塘码头。

旧时驿道，一般30公里左右就会有一站，通常就在关隘。黄洛峰随马帮从早到晚走约30公里，就得歇息。这次行程1200余里，长途跋涉近18天，黄洛峰与马帮人员同生活，感受到了劳动人民的质朴和善良，生活在崇山峻岭间的高原民族不畏艰险、奋斗向前的精神鼓舞着他，他经受住了人生重要的一次锻炼和考验，他此次东行的目的十分简单，就是为求得一个读书学习增长知识的机会。

这一次随马帮远行，对于一个十多岁的孩子来说，确实表现出了机智和勇气。一路上，黄洛峰饱览迤西古道的绚丽风光，走过了雄关漫道，并与驿道和客栈上形形色色的人相识又相别，走过一村又一寨，在饱览了滇西北、滇中大地的秀美风光的同时，也体验到了云南古驿道上一群奋斗不息、豁达进取的人们的生活。这次千里之行，让他对

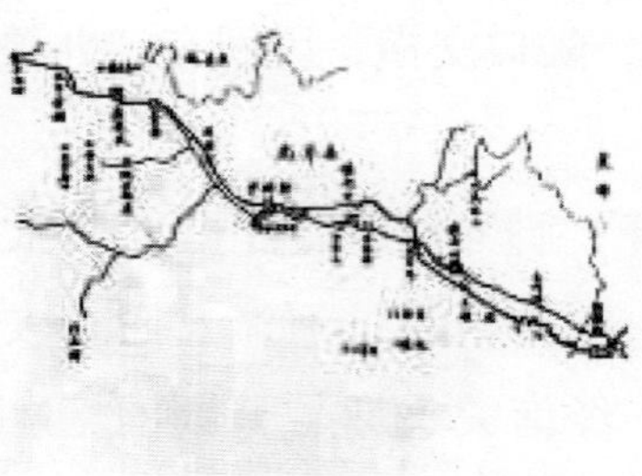

迤西大道部分路段示意图

故乡云南有了进一步的了解，对云南的民族、民俗、村落、古迹、文物有了广泛的接触和认知，这是一次文化的启蒙和洗礼，对脚下的大地有了更深切的认识，也让他更加热爱这一块热土。

在他少年的记忆里，进入禄丰县的五个关隘全长240里，这五个关联成一条通行大道，载负着上昆明、下滇西的匆匆行旅。在那些渐行渐远的人中，不乏英才俊杰，还有永不停歇的客商。

迤西大道

炼象关是滇西大马路经过地，炼象一名，始自元代，因该地周围高山呈红色，状如大象，远远望去大象恍若经火淬炼过，因此而得名。这里原为彝族聚居区，自元大德年间，渐有中原人随征云南，落居于此，形成彝汉杂居。清康熙年间，盐运往滇中地区，必由此经过，炼象关村遂变为客商云集之地。

黄洛峰离家求学时的喜悦心情及宏伟志向，体现在他所作的《古风·往事》的诗中：

远游负笈夙所志，男儿驰骋须四方。

壬戌轻装忆结伴，春风送我离故乡。

高峣古渡

到达省城昆明后，生活是清苦的，但他的心情是愉快的。人虽然晒黑了些，但他更结实了。他从偏远的小城镇来到了集经济、政治、文化、交通为中心的城市，走向了一个宽阔的大世界，用他自己的话来说是：壮了胆，开了眼，感到了一个新天地向我招手，我也不再像在家中那么孩子气了。黄洛峰结束了他的童年时代，踏上一条艰难曲折的寻路之旅，开始了他奋斗自强的生涯。

今天，从滇中向西而行的320国道、杭瑞高速已经取代了往昔的滇缅公路，大丽高速取代了滇藏公路的部分路段，大理经鹤庆到丽江的省道贯穿整个鹤庆坝子。原来数天的行程，现在朝发而夕至。生活节奏的加快，人们的视野反而不如前人了，太看重眼前利益，太过于功利和势利，对人文和传统、忠诚和友谊淡忘了，很少有人还记得迤西大道上这些雄关古隘，很少有人还记得先辈所经历的传奇和故事。我作为一个偶然到来的后生好奇者，寻着前辈足迹前行，一山一景一故事，一事一书一传奇，无数的传奇和故事令我神往。历史离我们并不遥远，今天回看昨天就是历史，今天希盼明天就是未来；在今天的晚霞中回忆早晨的日出就是历史了，历史不仅存于发黄的书籍中，它或许就在你和我的身旁，在你我走过的路上，在我们经过的小镇和村庄里，或者就曾被我和你踩于脚下而不知。

在云南高原生活的人们，世世代代以大山不能阻隔、江河不能挡道的坚定执着信念，向山外的世界探寻着，寻求着与世界各地和各民族交流、互利发展。茶马古道上渐行渐远的马帮和峡谷的山间铃声已经成为我们共同的记忆。茶草的香气虽已消散，但高原人的传奇和故事续写着云南往事，高原人世代的梦想依然激励着无数的云南人奋斗前行。留在茶马古道上的先人足迹和马蹄烙印，以及对远古千丝万缕的记忆，已转化成高原儿女创业、奋斗、进取的精神，这种精神已经成为中华民族不朽精神的一部分，是中华民族的荣耀与光辉。今天的云南人仍然探寻着走向大海之路，走向世界之路，追寻着中国梦的云南篇章。

二　自己的道路

男儿立志出乡关。每个人的路都是自己走出来的，一个人与另一个人有相似之处，但总是不一样的。旧时多数的村塾与县学没有师资，也提供不了相关的学习条件，乡镇英才不得不走上背井离乡求学的道路，许多少年在双亲的泪水中踏上征途。大城市新思潮跟乡下相去甚远，乡镇英才学成之余大部分走向更广阔的大世界。黄洛峰，这位滇西北高原的年轻人，迈出坚定步伐跨出了乡关，走向远方，一生勇敢地坚持了下去，把云南的风带向了遥远的地方！

考入云南省立第一中学

黄洛峰千里之行来到花香四季的昆明，目的很简单也很务实，就是为了求学，就是想考上一所条件更好一点的学校。

到昆明后，黄洛峰在父亲和伯父的鼓励下考取了私立成德中学。他投考成德中学，不是胡乱报的名。他讨厌那种把学生管理得呆板僵硬的学校，而这所学校自由、民主气氛较好，学校倾向进步，学生较为自由；另一方面在这所学校里有他的远房叔叔黄绶申，还有后来成为黄洛峰一生好友的郑易里。郑易里和黄绶申比黄洛峰高两级，并且两人是同班又是同桌的同学，在学校里两人形影不离。刚入校的黄洛峰由于敢于表达自己的不同见解，与同学时常辩论且论调“新异”，就引起了郑易里的关注。还有一个重要的原因，这所学校在昆明的中学当中很不一般，这是一所培养并播撒革命种子的学校。中共云南党组织早期领导人李鑫就曾就读该校。李鑫与黄洛峰有相似的经历，都是从滇西老家到昆明求学，出生在滇西龙陵的李鑫，小学毕业后，来昆明考中学，就是考取的成德中学，正是在这个学校里，在进步教师的引导下，激发起李鑫的爱国主义热情，后来成长为优秀的共产主义战士。当然，当时的黄洛峰并不知道李鑫本人，他只是听人说这所学校是较有名气的。黄洛峰进入这所学校学习，对他以后投身革命有一定的影响和重要的启蒙作用。

1922年，国内军阀混战、战事频繁，不断有新的军阀和地方割据势力出现，狼烟四起，民不聊生。在云南，这一年的年初，唐继尧率部反攻昆明，顾品珍战死，唐继尧重掌云南大权。

1923年冬天，家庭的变故促使黄洛峰过早地成熟了，接触了世态炎凉与苦楚。这一年的冬天，黄洛峰的父辈兄弟三人在昆明、四川及缅甸曼德勒等地经营的“日兴德”商号，由于出口缅甸的黄丝受到廉价日本丝的竞争而滞销，英属殖民地统治者又成倍提高了印缅货币卢比与中国币的比值，英国在印缅的代理金融机构“启基”背信弃义，趁机逼贷款，“日兴德”商号倒闭，与“日兴德”同时倒闭的鹤庆商号还有30余家。黄洛峰的父亲被迫外出躲债，将14岁的黄洛峰寄养在一个族叔家。族婶的苛刻、债主的嚣张、生活的苦楚、世人的冷眼一齐向黄洛峰包围过来，他刚刚对这个世界有所了解，就认识到社会中的阴暗的一面，体察到底层人民生活的苦难和艰辛，激发起了他对旧制度的思考，从而开始探索个人的出路、家庭的出路进而发展到探索国家和民族的出路。正如黄洛峰在“自传”中所说：“我的伯父被债主送进了监狱，货物为债主强行拿走，不少亲朋好友视我们为路人，我第一次尝到人情冷暖、世态炎凉的苦味。我经常以怀疑一切的眼光，跑出跑进那座阴森的监狱，为我的伯父送东西，这一幅人世间凄凉的图画，给了我幼小的心灵以重重的一锤，我开始对旧社会憎恨起来。这也是我后来所以走向革命的一个最初的感性基石。”这次家庭的重大变故，让黄洛峰的思想感情、追求发生了变化。

在学习期间，除学好课堂要求的必修课外，黄洛峰还对课外读物发生了极大兴趣。《新青年》《呐喊》以及新文化运动的一些新书刊，都成了他喜爱的读物。

《新青年》从1918年1月出版第四卷第一号起改用白话文，采用新式标点符号，刊登一些新诗，这对革命思想的传播和文学创作的发展，起到了重要的作用。在《新青年》的影响下，一些进步刊物改用白话文，这又影响到全国用文言文出版的报纸，促使其开始出现用白话文的副刊，随后短评、通迅、社论也都采用白话文和新式标点。所有这些文学改革，使全国报纸面貌为之一新。

1917年爆发了俄国十月社会主义革命，震动了全世界，也照亮了中国革命的道路。《新青年》应社会形势发展的需要，以大量篇幅发表了宣传俄国十月革命的经验和社会主义理论的文章。1918年11月，《新青年》发表了李大钊写的《庶民的胜利》《布尔什维主义的胜利》热烈欢呼俄国社会主义革命的胜利。

在陈独秀、李大钊等人的领导下，提倡科学，反对迷信；提倡民主，反对独裁；提倡白话文，反对文言文的新文化运动，宣传了进步文化。以后，又传播了社会主义思想，反映了新型的革命阶级的要求，在社会上产生了巨大的反响。这一运动的深入发展，吸引了许多年轻人集合在反帝反封建的旗帜下，为迎接一场彻底的反帝反封建的斗争做了思想准备。此时的黄洛峰就是这千百万青年中的一员。

正是通过《新青年》等书刊，使黄洛峰对国家、民族和社会的大事关注起来。1925年，发生了上海“五卅惨案”，立即激起了全国人民的愤怒，在昆明的黄洛峰积极地投入到游行示威的队伍行列，高呼口号、举旗呐喊，并参加开会、讲演、募捐、演戏等活动，他全力以赴，倾吐出他满腔的怒火，这是他第一次参加爱国运动活动，使他深深在感受到了自己的命运同祖国紧紧联系在一起了。他自己觉得增添了无尽的力量，从狭小的个人圈子进入到了一个更加广阔的新天地，因而心胸开阔了、眼界更深远了。面临初中毕业的黄洛峰，没有太局限于完成课堂作业，他把时间和精力投入到参加爱国运动当中，但这一切对他来说，只不过是刚刚起步。黄洛峰自己多年后回忆谈到，离开家乡来到昆明的几年，感到收获很大，逐步改变了孩子般的稚气和幻想，减少了盲目的乱撞，增强了自立和遇事能动脑筋思考问题的能力，但若同其他人相比，仍然须要进一步努力。

1926年春，黄洛峰从成德中学初中毕业，通过好友和同学的介绍推荐，经自己的刻苦努力，考取了云南省立第一中学高中，此时的黄洛峰内心是很高兴的。

早在五四运动时期，云南省立第一中学校的师生就积极参加爱国民主运动。1925年在省立一中成立共青团云南特别支部，为云南党组织的建立奠定了基础。抗日战争及解放战争时期，全校师生积极投入民族解放及民主运动中，为新中国的建立做出了贡献。

历史上，众多著名教授、学者曾荟萃昆明第一中学执教，其中有闻一多、吴晗、楚图南、蔡希陶、熊庆来等。他们严谨的治学风范、灵活的教学方法和理论联系实际的学风，形成了优良的传统，为国家富强、民族振兴，造就了大批人才，莘莘学子遍布全球。他们中的杰出代表有享誉海内外的著名物理学家、诺贝尔奖获得者杨振宁、著名哲学家艾思奇、作家张天虚、诗人柯仲平还有后来成为著名出版家的黄洛峰。

省立一中不仅仅是云南省的著名中学，还是当时学生革命活动的一个中心。在这所学校里有1926年就加入中国共产党的进步老师楚图南、陈小航（罗稷南），职员中有共产党员李国柱，李国柱在校图书馆工作，创办并领导秘密组织"云南青年努力会"，吸引了许多师生员工参加，传播进步书籍和刊物，其中就有《向导》杂志，传播马克思的著作，还进行其他革命活动，在进步师生中，有较大的影响。比黄洛峰大几岁的刘惠之，就是当时在昆明"读书会"里与黄洛峰结识的，刘在"联中"，黄在一中。比黄洛峰小一岁的李生萱（艾思奇）先于1925年下半年就考取了省立一中。黄洛峰入校后两人成了同学，艾思奇入校不久就成了非常活跃的学生，他创办了学生话剧团，参加了《可怜闺里月》《少奶奶的扇子》等剧的演出，由于一中是男生学校，找女角困难，艾思奇自告奋勇反串演女主角，一时成为全校师生相传的佳话。黄洛峰很快结识了艾思奇，由于思想一致，一拍即合，接触和了解就多了起来。黄洛峰在学校里，同艾思奇一起成了学生会的骨干，艾思奇在学生会学艺部，搞文艺、演讲和协办业余夜校等。黄洛峰是学生班级代表，他了解到，艾思奇的父亲李曰垓是著名学者、辛亥革命的元老，追随孙中山先生革命。写过著名的讨伐袁世凯的檄文，后来专攻先秦哲学，章太炎十分佩服他的才识和骨气，称他为“滇南一支笔”，他的革命志趣始终不减，后因反对军阀唐继尧，险遭杀害而逃往香港。1924年艾思奇去香港寻父亲，次年返回昆明考入一中插班就读。艾思奇受父亲影响，参加革命活动特别积极，除了演讲、宣传马克思主义之外，还热情地办起了工人夜校。

1926年3月，北京发生了“三一八”惨案，很快传到昆明，昆明学生掀起了声援的浪潮，黄洛峰积极参加了这一运动。唐继尧十分惊慌，下令逮捕进步学生，指名要抓捕艾思奇，在进步师生的巧妙应对下，得到校长的同情与支持，将艾思奇安全转移了。黄洛峰和艾思奇就是在此时成为挚友，后来，他们俩并肩前行，在传播先进文化和科学思想，做大众启蒙的工作中，成为长期志同道合的伙伴和终生亲密的战友。

在黄洛峰高中一年级的《心的呼声》的文章中，可以看到当时他心中已经播下革命的种子，即以匡复民族、天下为己任。这篇1926年6月4日的文章写道：

鸣呼！“五卅”“五卅”！！！忽忽又是一年了，去年今日，南京路的碧眼儿机枪四射，把我们许多爱国同胞送进鬼门关，留下你这血腥可寻的名字！做了中华民族被压迫史上的一页。……

哦！哦！！！还有！还有！！你给帝国主义者咬上一口诬称曰“赤化”，因而遗老遗少官僚军阀……大惊小怪和不分青红皂白的把学生的一切活动，差不多都堂哉皇哉的叫作“赤化”了，因此产生了今年的“三·一八”，以后恐怕还有“……”为你的后起之俊呢？！“三·一八”是你后续的最大牺牲者，我想你在天之灵，也一定为中华民族可庆可贺的！因为沉在死海的下层的民众，或者受了万一的波动，能跃一跃身起来收回他们的人权，乐天命的绅士，遗老遗少……或许也可激发激发他们的已死之心，就是从迎媚帝国主义者直接压迫我们的军阀官僚……也或许能稍收敛其凶狠残忍之心呢？！

我真诚的望你有许多有为的后继者……包涵一切直接间接的救国者

难忘1927

年青时的黄洛峰

在云南，黄洛峰首先找到孙中山的三民主义，赞赏“联俄、联共、扶助工农”的三大政策，对北伐革命亦心向往。同时认为做大众启蒙唤起民众也很重要，相信教育救国思想，还参加了平民教育的社会实践活动。

1926年冬天，在寒假期间，他受同学刘惠之邀约，与王秉心（王旦东，建国后云南省花灯团团长）、艾芜（当时昆明红十字会杂役，后来的著名作家）结伴到滇中易门县北区小街办寒假义务学校，实践其平民教育的主张。

在易门旅省学生会的倡导下，黄洛峰参加了在易门发起的铲除贪污教育经费的县教育局局长文喧的斗争，并取得了胜利。他们办起了寒假期间的义务学校，用捐款免费供给学生书和墨，使无力读书的1000多名农家子弟入校学习。黄洛峰担任义务教师，义务学校下设四个分校，黄洛峰、王秉心和艾芜在小街第三分校任教，校长是王秉心。在一次讲课中，课本里有这样一个问答，问：“你见过孙中山大总统吗？”答：“我见过了。他鼻直口方是个好人”。黄洛峰说道：“难道说麻脸就不是好人？孙中山就是鼻儿歪些也还是好人咯！”引得全堂哄笑。黄洛峰

王秉心（王旦东）

上课时语言生动、幽默，善于启发引导，深入浅出地讲解孙中山先生的三民主义和三大政策，宣传孙中山先生的革命主张，很受学生的欢迎，他动员大家去参加北伐军。

两个月的农村义务学校平民教育活动，黄洛峰接触到中国贫穷落后的农村，看到农村严重的贫富分化和矛盾对立，使他对通过教育解决中国社会问题产生了怀疑，于是他又进行了新的探索。

1927年是中国风雷激荡的一年。1月，国民政府以武汉为首都，蒋介石坚持暂住南昌。武汉、九江均因英国水兵登岸枪杀中国学生和工人，引起武汉数十万人举行反英大示威，驱逐英帝国主义，收回了英租界。在九江，工人和市民占领了英租界。这一年，云南也发生了重大变化，2月6日，与唐继尧有利害矛盾的胡若愚、龙云、张汝骥、李选廷四镇守使发动了政变，结束了唐继尧在云南的统治，在云南历史上称“二·六”政变。

在倒唐运动中有以中共云南党组织为领导的工人、农民和各大中学的学生；以李氏弟兄（李伯东、李表东）和张若谷等人为代表的同盟会会员、国民党党员，他们是个旧锡商利益的代表者；还有从唐继尧政权中分化出来的滇南镇守使兼东南边防督办胡若愚、昆明镇守使兼东北边防督办龙云、昭通镇守使张汝骥、大理镇守使兼开广临时善后督办李选廷，四镇守使是地主阶级内部的反对派。以上几种力量在倒唐上是一致的，但是没有形成一个统一的组织。黄洛峰积极参加由中共云南特别委员会领导的社会各界倒唐宣传活动，散发传单，宣传党在民主革命时期的纲领，揭露唐继尧政权的罪恶，号召各族人民起来投入国民革命，推动了倒唐运动的发展，在参加这一活动的过程中黄洛峰的政治思想觉悟明显提高。经过各方努力，由龙云、胡若愚等驱逐唐继尧，改组云南省政府，倒唐运动取得了胜利。

1927年，北伐战争向长江下游节节推进，直接威胁着南京、上海的军阀及帝国主义统治，广大人民欢欣鼓舞，工人运动和农民运动在全国风起云涌，极大地动摇了帝国主义在中国的统治。与此同时，以蒋介石为代表的资产阶级右派篡夺革命领导权的阴谋活动也日益猖獗。帝国主义者为了维护其在中国的殖民利益，加紧对中国革命进行破坏干涉。一方面派遣大批侵略军到上海，另一方面从革命队伍内部寻找代理人，分化革命阵营。他们经过反复的观察，看中了在北伐战争中拥有庞大军事实力而又反共最得力的蒋介石，认为他是“唯一有武力进攻激烈分子的人物”。因此就以反共、镇压工人运动为条件，答应给蒋介石巨款支持。

1927年4月12日，蒋介石从背后杀向革命人民。蒋介石在上海实行白色恐怖，下令封闭了上海总工会等革命组织，并疯狂地捕杀共产党员和革命群众，仅4月12日至15日，就有300多人被杀，500多人被捕，5000多人失踪。继上海大屠杀之后，广州、北京等地的反动势力，也向人民举起了屠刀。李大钊、萧楚女等一大批优秀的共产主义战士壮烈牺牲，无数革命群众惨遭杀害。年轻的中国共产党，对蒋介石背叛国民革命缺乏应有的准备，给中国革命事业带来了严重的损失。7月15日，汪精卫公开叛变革命，提出了“宁可枉杀千人，不可使一人漏网”的反动口号，大肆屠杀共产党人和革命群众。轰轰烈烈的大革命，就这样被一伙隐藏在革命队伍内的刽子手葬送了。

但是中国人民并没有屈服，他们在中国共产党的领导下，联合国民党左派，强烈声讨蒋介石的罪行，与反革命派进行了英勇顽强的斗争。1927年8月1日，周恩来、朱德、贺龙等举行“八一南昌起义”；8月7日，中共中央在汉口召开了紧急会议即“八七会议”；9月9日，毛泽东在湖南东部和江西西部领导了秋收起义；9月29日，毛泽东率领秋收起义部队到达永新的三湾进行改编；11月11日，中共广东省委书记张太雷领导了广州起义。

在中国革命处于低潮时，革命理想和信念坚定不移的黄洛峰于1927年5月，经同学万学文介绍加入共产主义青年团，8月仍由同学万学文介绍加入中国共产党，他记住了这位引领他走上革命的同学——万学文，多年后仍然向同事提及自己的入党介绍人是万学文。对加入中国共产党这件人生大事，黄洛峰在“自传”中写道：“那时由青年团入党，叫作由‘中学’升‘大学’，当时听到我已经‘考上大学’时，感到莫大的光荣，兴奋得不得了。”1927年对黄洛峰来说是终生难以忘怀的，这一年发生的众多历史事件和他自己的选择,影响和改变了黄洛峰的一生。

三　星之火 可燎原

“天下事皆起于微，成于慎，微之不慎，星火燎原。”在中国共产党领导革命起程之时，中国革命的力量是弱小的，但革命的奋斗目标激励着、吸引着无数前行的中国人。在云岭之南的大地上，黄洛峰同一群踏出乡关而又归来的年轻人聚集在一起，他们要用自己的努力和奋斗改变这不合理的旧世界，消灭人剥削人的旧制度，建立共产主义的新制度，昆明老街道上的青石板路曾留下这群人的奋斗足迹！

年轻的四县中共特委书记

1927年寒假，黄洛峰根据中国共产党云南临时省委的工作要求，和李藩及一个姓王的同志一道，再次到易门县，以办义校为掩护，又办了一期义务学校及一期师资培训班，从中发展中共党员。与此同时，党还派了几个同志分别去禄丰县的二街和安宁县的八街开展工作，当时中共云南党组织的主要任务是将城市工作逐渐转入到农村，开展农运工作。

1927年的云南高原，一个晴朗的冬天，滇中大地层层山峦隐匿在薄雾之中，在昆明通往易门的山间小路上，一群青年人迈着轻快的脚步。走在最前面的是一位不足19岁的年轻人，他高高的个头，白净的脸庞显得富有青春气息，炯炯有神的目光闪耀着智慧力量，这个年轻的小伙子就是黄洛峰。

几天前，中共云南党组织指派黄洛峰建立安（安宁县）易（易门县）禄（禄丰县）罗（罗次县）四县特别委员会并担任特委书记。组织交给黄洛峰的任务是：秘密建立党、团组织，发展党、团员，并逐步开展农民运动。同时，要他留在易门县立小学，以教书的公开身份做掩护。这一年，黄洛峰还不足19岁，但他勇敢地挑起了这份担子。

黄洛峰等选择易门中学和杨家龙潭为工作据点，

以教师的身份活跃在办学活动中。在易门一户农家的屋内，一张四方桌上摆放着几个土碗，桌边聚集着一群年轻人在讨论和商议着。大家谈到了中国共产党第三次全国代表大会的纲领，谈到了1924年1月，国民党第一次全国代表大会确定的“联俄、联共、扶助农工”的三大政策，大家精神振奋。

在黄洛峰的组织下，建立了党支部，经过商议，决定在学生、农民、工人队伍中建立党支部，吸收一批具有进步思想的人加入到党员队伍中来，不断发展壮大党员队伍，随后再建立革命根据地，恢复和发展工农运动。大家一致选举黄洛峰任书记，李裴如任副书记，艾小堂等几位负责学运、民运等项具体工作。

根据易门的情况，党支部决定，先发动农民开展抗捐抗税的斗争。随后，动员和组织起来的群众勇敢地冲向县衙门，向县政府官员抗议，取得抗捐抗税斗争的胜利。但是，由于党组织成立时间较短，经验不足，在与旧势力斗争的过程中组织暴露了。一年前被拉下台的封建旧势力勾结地方当局，驱逐办义校的进步教师，强派文喧之子文伯康来顶替老师岗位，抓捕义校负责人。黄洛峰从昆明请去的教师张家珍一回到昆明就惨遭杀害，特委的组织受到了挫折，党员和进步青年上了黑名单，黄洛峰等人已被封建旧势力严密监视起来了。在得到联络员递来的情报后，按组织要求黄洛峰及时转移出了易门，他收拾好行装，趁着天色尚未放亮，踏上了向着东去的大路。

筹办“云南书报社”

1928年7月的昆明，显得格外妖娆，妩媚动人。在坝子中稻米飘香、荷花盛开的季节里，黄洛峰从易门撤退回到昆明。一天，他按党组织的要求来到龙翔街，在这条老街的一间普通民房内，李国柱和吴澄召开了工作会议，会议传达了中共云南党组织的决定：由黄洛峰担任共青团昆明市委书记。在工作中，他提出创办一个名为“云南书报社”的书店作为掩护，公开接触广大青年，宣传党的主张，传播马克思主义，以利于组织进步青年投身到革命当中；同时，介绍先进的科学文化知识，促进偏僻的云南在文化思想方面较快地发展，这个打算得到中共云南党组织的支持。他与李生萱（艾思奇）一道筹办起了“云南书报社”，使它成了宣传马列主义、共产主义思想，秘密发展党的组织的一道特殊的窗口。

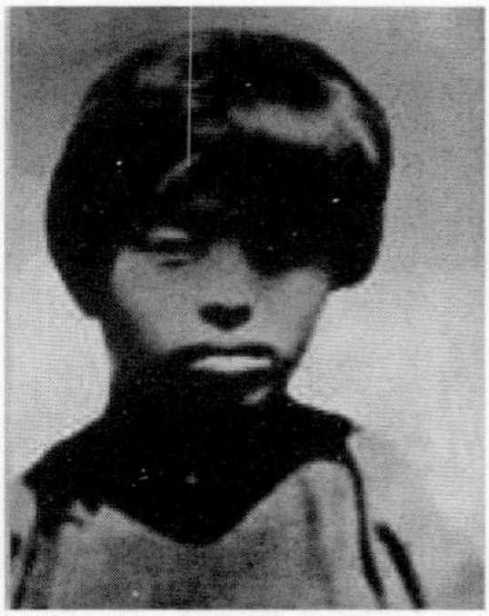
吴　澄

黄洛峰串联了几个可信赖的同学，在云南省立第一师范院校高级部鹤庆学生何浚的宿舍内讨论并起草了“云南书报社”组织章程，参加人员除李生萱（艾思奇）外，还有郑瑞、朱映楼（女）、宋瑞和（女）等人。确定“云南书报社”的宗旨是服务于青年，介绍进步

李国柱

书刊，入社与推销对象以青年学生为主。资金来源用股份制的办法，由相熟的同志介绍相约入股而成，每股为滇币20元，负责该校的对外联系与组织管理工作。昆一中理事是舒自志，省一师是何浚。鹤庆籍在昆明学生参加的特别多，黄均元、舒自伟、舒自如、刘廛等十多人。“云南书报社”在一个月内就筹集股金2000多元，托人向上海方面的书店购回一批社会科学和文艺书刊，存放在钱局街一对青年夫妇家里，由此再把它分售到各学校推向社会。由于黄洛峰等的组织得力，马克思主义的启蒙读物和鲁迅、郭沫若、郁达夫、田汉、蒋光慈等人的文学作品在云南又多了一条流通渠道，让人们能比较方便、廉价地买到和读到这类图书。

黄洛峰在办“云南书报社”的实践中认识到，汇集大众的力量和集体的智慧来办大家有共识的事就容易做成。俗话说：“滴水成河、聚沙成塔”；个体的力量汇聚起来就能形成较强大的力量，一个团队、一批资本的组织也是如此。在此基础之上再有一个核心人物从中协调，基本就能把事情做成，他秉持这一想法把“云南书报社”办得有声有色，初显了他的组织才干和经营能力。

滇越铁路上的机智“郎中”

1910年3月31日，云南第一条铁路——滇越铁路全线通车。这是一条法国人设计的，连接越南海防与中国昆明的高山铁路。铁路自昆明南行，经阿迷（开远）、蒙自、河口县后进入越南老街，终到越南海防，全长854公里。铁道轨距1米，俗称“米轨”。对这条铁路的艰险，在当地有四句民谣：“英雄的司机，不怕死的乘客，蛇形的铁路，船形的火车。”

滇越铁路除艰险之外，还承载了厚重的红色人文历史。在滇越铁路的中国境内终点站云南府昆明城，中共云南党组织在1926年11月建立特支。1927年3月，中共云南省特委在蒙自建立了中共蒙自支部，直属省特委领导。同年12月，建立中共云南省临委，接着成立中共蒙自县委。此后省临委决定全省农运以蒙自为中心，于是派了大批同志到蒙自工作，使中共蒙自县委成为云南省成立最早且较为完整的县委。1928年5月，中共蒙自县委派黄明俊到查尼皮村以教师职业为掩护开辟党的工作。不久他领导建立了查尼皮党支部，接着又在查尼皮一带发展党员80多人，至此，这个离滇越铁路不远的彝族村寨登上了云南近代史的舞台。

芷村火车站

1928年5月，查尼皮成

立了农民协会，后改名为农民联合会，并迅速发展成为迤南农村工作的活动中心。在查尼皮连续开办数期党员训练班，每批都有40余人参加培训。9月，根据省临委准备武装暴动的指示，组织起了小东山——查尼皮武装游击队。游击队共有30多人，均配备了长短枪支，队长是查尼皮村的村民佴三。1929年底，查尼皮武装游击队还消灭了麦冲的地霸武装，打击了沿途土匪反动势力。

到1928年底，蒙自县有共产党员151人，其中农民党员105人。而查尼皮又是迤南农村工作的活动中心，这一带有党员80多人，辐射范围东南伸入靖边（今屏边）、开化（今文山），北面延至阿迷（今开远）境内，查尼皮让处在地下活动状态的中共云南党组织找到了一块根据地，是一个发展农村武装斗争的理想之地。省临委的大多数领导都到过查尼皮，对这一村寨很熟悉，云南党组织决定在此召开党的全省会议。

到达查尼皮，走滇越铁路坐火车，得在一个叫芷村的火车站下车。这是一个因盛产滇南芷兰而得名的美丽小镇，小镇因滇越铁路而兴旺。芷村火车站的建筑很漂亮，红瓦、人字顶的法式建筑风格——屋顶多采用孟莎式，坡度有转折；屋顶上有精致的老虎窗，或圆或尖，造型各异；外墙多用石材或仿古石材装饰；细节处理上运用了法式廊柱、雕花、线条，呈现出浪漫典雅风格。整个建筑多采用对称造型，气势恢宏的格调，芷村火车站是滇越铁路上的一个二等车站，上行距碧色寨车站22公里，下行距落水洞车站12公里。芷村火车站三面环山，一面临水，由于其特殊的地理位置，这里发生过许多重大的历史事件，演绎了一个个传奇故事。在抗日战争时期，越南革命家胡志明曾经在芷村生活居住过，旧址就在芷村车站旁的南溪路。

芷村火车站

1928年10月13日至14日，中国共产党云南第一次代表大会在查尼皮召开。黄洛峰作为年轻的四县特委书记，既是代表又被调用为会议的交通联络员，扮成串寨郎中在滇越铁路上接送参加会议的人员。

浦光宗

据参加查尼皮会议的浦光宗回忆到："当负责这次会议的交通同志黄垲（洛峰）通知我（浦光宗）时，只说'到迤南开会，明早上搭火车走，车票已替你买好'。第二天早上，我到火车站时，黄已经在车站里面等着。黄洛峰带着一个方形大竹笼子，此外还有油印机和纸张另外捆绑成一件。黄洛峰和我把这两件东西抬上四等车厢后不久，车子即开动了。当晚宿于阿迷（即开远），我们俩住在一个小旅馆内，把大竹笼等物放在床下，房内没有其他客人。警察来清号，用手电筒往床下一照，问是什么东西？黄洛峰马上从床下把大竹笼拉出来，毫不迟疑地把盖子打开，说到'药！'警察一看，是一些中药包包，随便翻一下就走了。原来大竹笼下面装有的是党内文件，上面用中药作掩护。第三天早上我们把大竹笼等物抬上车厢，车开动后，大约走了三个多钟头，在距芷村车站几百公尺处减速慢行，铁路工人正在下面修整轨道，打道钉，我们立即把大竹笼等物品从窗口递出去，由铁路工人接走。火车到达车站，经过法国人和铁路警察检查后我们来到芷村街上，进入一间铺面，黄洛峰把我介绍给铁路工人刘林元，刘林元随即派了一个农民，背着大竹笼等物，领我前往开会地点。我和带路的老乡离开车站，顺着小路往东走，越过几座山岗，约走了二十来华里，到达查尼皮（苗家村寨）。"

中共云南省一大会址旧址

对这一次重要会议和难忘之旅，黄洛峰把它永远珍藏在自己的记忆中。半个世纪后的1979年，当党组织给浦光宗同志落实政策后，浦光宗给黄洛峰去信告知佳音，黄洛峰深情地给浦光宗回信到：

汉英同志，八日手示收悉。错案得以改正，中断二十一年之党籍得以恢复，至为欣庆！回首当年同赴查尼皮，参加党代会，犹历历如在目前；五十年间事，真是波澜壮阔也。匆复，即致布礼，并候宋方同志。

黄洛峰

一九七九年七月十三日

黄洛峰在此信中的“犹历历如在目前”“五十年间事，真是波澜壮阔也”高度赞扬了中共云南第一届省委的好领导、好同志艰苦创业直到英勇牺牲的大无畏的共产党人精神。

党的代表大会由吴澄主持，李鑫、杜涛、吴少默、浦光宗、刘林元、黄洛峰、戴德明等17名党代表参加了大会，大家聚集在李开文家的茅草房里。今天，这17名共产党人已经离我们远去，但他们的音容笑貌、传奇故事依然在我们的记忆中；穿行于山间的列车的汽笛声告慰着先烈们，你们努力和奋斗的民族独立和人民解放之梦已经实现；今天，无数的共产党员来此重温当初每一个人举起右手立下的誓言，不忘初心继续前行，在建成小康社会的道路上继续奋斗；安详的老人和幸福的孩子们来到小山村，在林间鸟语花香中聆听曾经发生过的故事；年轻人也来到小山村，凝望着那幢朴实的茅草房，参观着房内的条凳、方桌、油灯和犁，还有那面悬挂在烈火熏黑了的土坯墙上的红旗，红旗上黄色的锤子、镰刀，时间的隧道把你带到90年前的峥嵘岁月，一个个后来者来到这个小山村，想到的会很多。每一个高原人都在为实现中国梦的云南篇章继续前行和奋斗努力着！

查尼皮会议结束后，在黄洛峰等人的护送下，各位代表安全返回驻地。黄洛峰的交通工作，给与会者留下了深刻印象。黄洛峰自己对这次工作也很满意，后来他还自豪地回忆说：在滇越铁路上，学会对付敌人的基本功是必要的，以后在上海应付租界的巡捕"抄把子"，就很派上用场。革命的斗争实践让黄洛峰成长和进步着。

在日本留学

中国传统的家庭都希望下一代人有一点本事、有一点能力，一代超过一代，"青出于蓝而胜于蓝"也就是这样一种企盼，求学发展寻出路依然是一条重要的途径。1929年，黄洛峰的家境有所好转，家业又逐渐复苏兴旺起来，家里又与别人合伙开了一个杂货铺，生意还算过得去，这时家人向他提出外出考大学的建议，黄洛峰既不反驳，也不解说，口头上允应着，心里却有更多的想法在思忖着。

滇越铁路云南府火车站

除了读书以外，黄洛峰心里一直在盘算的就是曾经想要筹办的书店。一方面希望求学能与此前要到上海“申庄”进货的意愿统一起来；另一方面，书店的伙伴也认为派自己到上海去学习取经进货较为合适。现在家里提出这样的建议，刚好可以取得家庭、自己、组织三方的满意，他决定把自己求学和完成组织交给的任务有机接合起来。

1929年，昆明的夏天，青石板铺就的街道，两旁梧桐树的叶子在风中摇曳，天气常如二三月，花枝不断四时春的美丽城市，没能留住一批又一批胸怀大志的高原年轻人，他们顺着铁路走向大海、走向远方，跨出了乡关，黄洛峰和同时代的年轻人一样，也踏上了“寻路”之旅。

在盘龙江畔滇越铁路云南府火车站，随着汽笛长鸣，黄洛峰再次踏上了南下的列车，离开了昆明，这一次他将去的更遥远。列车载着黄洛峰穿梭于滇中腹地，走过滇池、阳宗海等一个又一个美丽的高原湖泊，跨过南盘江、南溪河等一条又一条河流，顺着南盘江、红河山谷，经著名的人字桥下到南溪河，沿南溪河河谷穿越成片的热带雨林到达河口，这也是当地人称作的老关；后依随着红河岸边抵达越南海防港，在海防港，黄洛峰面对蓝色大海，心神往远方，决心到大海的彼岸世界去看看，他登上海轮驶向大海，一路向北，往北方驶去。

经海上数日的颠簸，黄洛峰到达上海，他不顾劳累就去跑书店，到处看，到处问，向一些书店讨教经营之法。找到适当的出版者，建立批销进货关系，并取得彼此的信任，这是件很难的事。上海的出版机构很多，对外地的新户头，特别是远在昆明的新书店，没有可靠的保证，不是容易谈得成的。云南书报社在资金紧缺的情况下，要取得了对方的信任，建立长期稳定的合作关系，考验的是黄洛峰的交际和办事能力，黄洛峰为此做了很多努力，连续几个月，他都在为云南书报社的业务奔波。

在上海跑书报社业务的同时，他还到了南京，在南京遇到了浦光宗，有丰富地下工作经验的他约浦光宗到鸡鸣寺后面的城墙上交谈，黄洛峰小声地告诉了浦光宗云南的一些情况，交谈半小时后两人就分手了，后来两人再见面已经是十年后的事。

黄洛峰一方面为书报社的事而忙碌，另一方面又拿起已经放下的功课学习，准备考大学，这期间，他也曾经考过一两所大学，想试试自己已经放下的课程，结果英语没过关，数学稍差一点，榜上无名。上大学的念头，就搁置了。当时在上海流行学习日语，不少人想通过学习日语到邻国日本去留学，黄洛峰也受到这种影响，自己英语不好，不如学习日语，他还向好友艾思奇咨询过，并得到鼓励，于是改变了上大学的念头，下决心到日本去读书。黄洛峰向党组织提出要求去日本留学的意愿，党组织同意了他的请求，让他把云南书报社的事情办好交接后再去留学。

在办妥云南书报社的交接工作之后，1929年底，黄洛峰离开上海东渡日本。他搭乘直航日本横滨的轮船，这一次是向东北渡海而去，经数日海上航行，在日本横滨港上岸。由于事先与同学毛友竹联系过，得到其在横滨港的接待，在同学的帮助下他很快就转到东京，住在东京郊外的大岗山，这里房租较便宜，适合贫穷的留学生居住。安顿好以后，就到东亚预备学校、私立第一外国学校学习日语、英语，又请人帮助补习代数和几何，准备报考大学，他很快适应了在日本东京的生活和学习。

后来云南省立一中同学万学文（黄洛峰的入党介绍人）和蒋宝祥也到东京来读书，他们从国内带来了云南的一些重要情况，黄洛峰得知李鑫、杜涛等于1929年被捕，被军阀杀害后万分悲痛，但这也让他的革命信念更加坚定，黄洛峰谈道：我们是从爱国主义走向共产主义的，中国人应易地学习而志不能改变，不然的话，那叫什么共产党人?

1931年春，在日本的黄洛峰遇到刘惠之。刘刚从日本监狱出来，就来找黄洛峰。他们既是同乡又是挚友，此时在异国相见，悲喜交集。从交谈中，刘透露，他们出狱的几个人想串联新到日本的共产党员留学生，建立一个中共留日特别支部。黄洛峰听了，喜出望外，把自己入党以后的经历和来日本以后没有组织可以接转他的关系的苦痛和烦恼向刘谈了，并当即向刘惠之表示，务必请为他联系以接转组织关系。此后，由刘惠之介绍，黄洛峰见到了筹建留日学生党支部的陆毅夫，并办了接转党组织关系的手续。这时支部的任务是集结内部力量，加强学习教育。黄洛峰在解决了组织关系问题后，精神为之大振，这个支部当时有孙普、李葆华、温健公等20人。多数人在东京，少数人散在各地，支部书记是孙普。后为了请同乡徐绳祖补习英语，黄洛峰由大岗山搬到了池袋共，与徐家同住在一起。

1931年7月中旬的一天下午，住所突然来了几个日本便衣警察，说是查户口，其中一个警察问徐绳祖：你们几个人中，有谁收到上海来信？黄洛峰坦然地回答，他自己收到过上海来信。那个警察说要看上海来信，他就把这些信交给了警察，警察接着就把黄洛峰、徐绳祖、张辑（徐的妻弟）三人，以谈话为名带到池袋警察署，三人随即被关押，次日，徐、张获释，黄洛峰被转押往市中心的神田警察署。黄洛峰被讯问了四五次，一个月后，因找不到给黄洛峰定罪的理由，只好将他释放。事后，黄洛峰向中共留日学生支部汇报了这次被捕经过。

1931年，“九一八”事变爆发。中共留日学生支部随即组织宣传队伍，反对日本对中国的野蛮侵略行径，发起留日学生集会，进行反日活动。后在东京成立“中国留日学生总会”，成为留学生公开活动的组织机构。黄洛峰也积极投入到反日抗议活动中去。在日本本土竟然有人公开反对日本对中国的侵略，这支队伍虽然小，但影响却很大，这让日本警视厅很是震惊。10月，黄洛峰和孙普等几十名共产党员和几十个留学生，愤然弃学回国。黄洛峰是第一批因抗议撤离日本的留学生之一。

参加上海抗日救国运动

黄洛峰和同伴抵达上海时，受到上海爱国人士的欢迎。

黄洛峰回到上海时，正是上海人民轰轰烈烈地开展抗日救亡活动的时候，上海各阶层民众纷纷成立了反日救国的群众团体。黄洛峰以留日学生团体代表参加“上海民众反日救国联合会”，并在上海民众反日救国联合会中担任秘书长，是这个组织的党团成员之一，在杨尚昆直接领导下工作。

上海民众反日救国联合会的主要任务是：召开反日民众大会和示威游行；发布反日宣言、告民众书；出版《反日民众》三日刊；组织联络各个团体会员等。担任秘书长的黄洛峰任务繁重、活动较多，尤其是“一·二八”淞沪抗战之后，支援十九路军、支持罢工工人、声援学生请愿示威、发动募捐以及设立伤兵救护站等活动都有黄洛峰的身影。

国民政府对日妥协，激发了中国民族主义运动高涨，尤其是在上海、北平等大城市，各界民众、工人、知识分子纷纷走上街头，抨击国民政府的倒行逆施，呼吁政府立即出兵抗战。面对中国民众的正义之举，混迹上海的日本浪人、流氓及侨民等在当地日本驻军的支持下频频集会滋事、制造事端，甚至对上海无辜市民大打出手。日本海军也派出舰队到上海港示威，举行武装演习，甚至开枪扫射，目的是在中国的大城市制造事端，挑起纷争，以转移国际视线，配合日本关东军在中国东北炮制伪政权。

1932年1月5日，日本关东军高级参谋、“九一八”事变的直接策划者板垣征四郎给日本驻上海公使馆武官田中隆吉拍去电报，称：“满洲事变按预定发展……请利用当前中日间紧张局面进行你策划之事变，使列强目光转向上海。”1月18日，日本特务川岛芳子指使上海江湾路妙发寺的日本莲宗和尚天崎启升、水上秀雄等5人到三友实业公司闹事，故意向正在操作的实业公司的工人投掷石块寻衅，引发冲突，事后日方声称有一名受伤者死在医院。幕后指使的田中隆吉、川岛芳子为了把事态扩大，指示日本宪兵上尉重藤千春率领“日本青年同志会”的30多名暴徒纵火焚烧了三友实业公司，砍伤前来劝阻的巡捕，并与公共租界的华人巡捕发生冲突，打伤3人。田中隆吉又煽动上海日侨集会，向领事馆和国内请愿出兵中国。

日本驻沪外事机构以及日本第一外遣舰队都发表声明，强硬宣称将采取“适当手段，保护帝国利益”。虹口一带的日本海军陆战队甚至公然举行武装示威活动，日军飞机也飞到三友公司的上空盘旋恐吓。一些日本浪人甚至携带武器招摇过市，气焰十分嚣张。

1932年1月28日夜，日本海军陆战队不宣而战，向闸北中国驻军发起进攻，“一·二八”淞沪抗战正式打响。驻守淞沪地区的国民革命军第19路军，在总指挥蒋光鼐和军长蔡廷锴的指挥下，不畏暴敌欺辱，奋起抵抗。他们发出通电：“为救国保种而抵抗，虽牺牲至一人一弹，绝不退缩。”这也是中国人民的心声。

中共中央立即发出了关于“一·二八”事变的决议，号召人民组织义勇军和游击队直接参战。党的地下组织通过工会、学生会和各个群众团体展开积极的支前工作。黄洛峰坚决贯彻党的决议，抗日救亡活动更加活跃。在中国共产党领导和推动下，上海日资工厂的六七万中国工人举行了反日大罢工；工人、学生、市民组成义勇军、敢死队、救护队奔赴前线，协同第19路军作战。上海军民的英勇抗战，立即激起了全国同胞和海外侨胞的捐献和大批物资支援。

“一·二八”淞沪抗战历时33天，第19路军和第5军官兵以英勇顽强的大无畏精神，给来犯之敌以沉重打击，使敌不得不连续增兵于淞沪地区，日本倾国力并动用当时最先进的武器装备与中国守军部队决战。中国军人的壮举大长了中国人民的志气，打破了日军不可战胜的神话，也掀起了全国又一轮各民族、各阶层、各派别的抗日救亡运动热潮。在“一·二八”淞沪抗战中，中国规模最大、历史最为悠久的出版机构——商务印书馆被战火全部焚毁；东方图书馆收藏的数百万册书籍资料，包括“涵芬楼”珍藏的10万多册宋、元版珍贵图书以及清乾隆年间编写的《四库全书》均被焚毁或被日军掠走。日本军国主义对中国传统文化和世界文明进行公然破坏，挑战了中国人民的感情。

黄洛峰所在的“民众反日联合会”，是上海人民情绪集中反映的焦点。他看在眼里，记在心中，时而焦急，时而苦痛。为支援前线，他奋不顾身，正如义勇军进行曲唱到的“我们万众一心，冒着敌人的炮火前进”；开起会来，夜以继日；做起事来干练，胸有成竹。一个23岁的中国青年，在炮火中成长，目睹了日本军国主义对中国的大破坏，对中国文化的大焚毁，现实教育了他，他迅速成长起来。他后来曾写道：在“民反”的几个月，我得到党给我的很多教育，懂得了一些战斗的经验，学到了一些革命知识，收获不小。

在上海坐牢

1932年3月6日，黄洛峰和其他人一起到“妇女反日大同盟”去检察和布置纪念三八妇女节的活动，英巡捕房突然对这个团体查封，黄洛峰等11人被逮捕，11人中除黄洛峰、徐伯图是男的以外，其余9人全是妇女。当天夜里，普陀路巡捕房简单审问了一遍黄洛峰，两天后，黄洛峰与徐伯图被押解到提篮桥监狱，几天后法院开庭审讯，检察官所加罪名是扰乱治安。开庭后，黄洛峰与徐伯图知道组织上代他们请了张志让等律师出庭辩护。当检察官陈述完后，张志让律师即作了答辩，按“中华民国”刑法反驳了检察官所加之罪，提出黄洛峰无罪，要求立即释放，法官置之不理，宣布休庭。十多天后，法院又一次开庭，律师和检察官辩论了一次，对检察官起诉罪名，根据刑法条文，一一予以驳回，再次提出黄洛峰无罪，要求各自取保释放，法庭仍然不加理睬而休庭。后来又相隔十多天，法院再次开庭，照例经过辩论，律师们的根据和理由比以前更充分，但法官仍宣判黄洛峰、徐伯图二人各一年半徒刑，就此结案。

黄洛峰在狱中，了解到监狱内的一些情况，并得到一些启发。在牢里，一不怕“疯狗咬”；二可以交谈聊天，颇不感觉寂寞；三还可以结合自己的爱好去学习。在提篮桥监狱，黄洛峰阅读了韦尔斯的《世界史纲》，这部通俗的史书具有非凡的吸引力，也具有非凡的价值。它没有严肃史著的学究气，而且比那一时代的许多著作都要早地摆脱了民族主义乃至欧洲中心论的褊狭，书中关注的是人类文化的遗产，包括思想、文化、宗教等遗产，而这是人类文明历程中真正具有价值的东西；书中论述了从地球的形成、生物和人类的起源直到现代的第一次世界大战，是横跨五大洲的世界历史；书中附有105幅地图与100幅插图，是一部名副其实的经典巨作。通过多次细读韦尔斯的《世界史纲》，黄洛峰的思维能力得到拓展和提高，视野更加开阔，思维更加敏锐。有了坚定的战略定力，能从更长久的时间和更宽广的空间来考虑谋划工作。

在狱中黄洛峰还学到很多其他的东西，那就是如何分析敌人的弱点，利用他们之间的矛盾，以恰当的形式，进行有利的斗争，如何在艰难和危险的情况下开展隐蔽战线的工作。1933年10月，黄洛峰出狱。

在奔波中参加抗战工作

出狱后的黄洛峰奔波于上海、北平、南京之间。先在上海求职未果。1934年1月，独自一人来到北平，住进"云南旅平学会"，这是常驻北平的云南会馆，一个专为旅平的云南籍学生设置的机构。

云南会馆建在北平城宣外校场头条路西7号。校场乃操练阅兵之地，明代这里称"将军教场"，属宣北坊。清代，镶蓝旗驻扎于此，是八旗兵习武之地。辛亥革命后，在北平读书的云南学生成立"云南旅平学会"，设址于此，出版发行《云南旅平学会会刊》。《会刊》利用北平特殊的地理优

在北平宣外校场头条路西 7 号的云南会馆

势，将先进思想、新信息、突发事件及走向等迅速传到云南，让家乡人民直接了解国内外形势，便捷而多方位地接受新思想、新文化、新观念。所载内容丰富多彩，包括政治、经济、文化、教育、社会以及学术研讨，具有很强的可读性。学会将每期学刊都直接寄到云南省政府以及主要政府首脑人物，让他们了解来自不同阶层的诉求。

云南旅平学会关注民生，反映人民心声，为民众呐喊，在全国影响颇大，是当时舆论界的一匹黑马，在滇省更是闻名遐迩。学会致力于将民众之疾苦极力向外张扬，以谋赈救之方；对地方建设和治理，设法多言建议，以尽公民之责；对同学品行，勉励而纠偏，激励其锻炼意志，报效家乡父老。

1919年“五四”运动时期，在北京大学读书的王德三就曾在《云南旅平学会会刊》第四期发表《科学之范围及方法》一文，对科学及其方法进行详尽论述：“科学就是有系统，有定律，能证明，能量度的一种确切知识。”反映出他早期的进步思想。

黄洛峰一到这里，就同几十个青年学生同住在一起，他们大部分是来报考学校的学生。既然有这么多同乡，自然会听到云南的各种消息，当他了解到云南的情况之后，加强了警惕，做事更加谨慎。在同乡会里，人员的情况较为复杂，思想各异。由于云南当局的关注和重视，云南旅平学会有日常的经费开支，开设有图书阅览室，又有文娱活动，学习、生活都很方便。有时，黄洛峰还跟着同乡到学校旁听课程。黄洛峰利用这样的环境，从日文刊物上翻译点文章，以提高自己的日文水平，也可从中换点稿费，解决一点生活费用。

这一年的1月间，在云南发生了一件事，影响到了黄洛峰。英国侵占缅甸后，妄图扩大其在华长江流域一带的利益，便向中国阿佤山地区出兵。1934年1月21日，英国公然派出250余名英军士兵侵占南阿佤山班洪、班老交界处的炉房银厂，阿佤山首领胡玉山迅速向国民政府报告，及时派人与英方进行严正交涉，英方以“到炉房开矿已得到中国政府允许”进行欺骗，但一直不能出示相关证据，当地的少数民族群众识破了英军的阴谋诡计，但英方占据地盘，拒不退兵。

英军入侵的消息在阿佤山各部落各村寨传开后，当地民众强烈要求英军退回缅甸，同时积极要求抗击英国侵略者，胡玉山下令召集阿佤山17部落召开抗英誓师大会，进行剽牛盟誓，商议抗英大计。

同年2月8日黎明，抗英誓师大会在班洪王府广场的大青树下举行，佤山葫芦王地17部落王齐聚现场，各部落佤族男女从四面八方汇集广场，从周围各地请来的其他民族的代表也来到会场。胡玉山拿出历代中国政府颁发的印鉴，证明班洪、班老历来是中国领土，与会头人和群众当场盟誓共同驱赶来犯之敌。盟誓大会结束后，当地佤族群众迅速组织民众武装，以长矛、大刀等原始武器，兵分三路向英国侵略军展开作战，英勇顽强地抗击用洋枪洋炮武装的英国侵略军。

班洪抗英斗争得到了全国人民的声援，南疆各地人民派出代表到班洪、班老等地进行慰问，鼓舞佤族同胞的斗志，北平、天津、上海、南京等地媒体纷纷报道“班洪事件”，声讨英军的侵略行径，景谷、双江、澜沧等地群众组成1000余人的“西南边防民众义勇军”赶赴佤山加入抗击英国侵略军的队伍，与佤族武装共同收复了丫口、炉房、南大等地，战争一直持续了4个多月，有一批英雄儿女为保卫祖国边疆献出了宝贵的生命。后因国民党当局屈从于英方压力而强制遣散抗英武装，佤山人民抗英斗争转为保护重要历史归属证据和抵制英方笼络收买，直到1937年中英第二次滇缅南段边界会勘，英帝国主义才最终承认班洪地区是中国领土。

对英军的入侵，旅京（南京）云南同乡利害切身，尤为愤慨。1934年3月18日，云南旅京同乡会开会推举张维翰、朱培德、李宗黄、周光倬等37人为代表，向国民政府中央请愿，要求中央向英政府提出交涉，并派全权代表到滇缅边界调查。当时班洪战事消息仍不断传来，国民政府除电令驻仰光领事就近探查外，因不明了事件情况，外交部亦无法应付，唯有查明实情，才能提出交涉。因此，国民政府决定，令参、外两部派员到边地调查，以供交涉参考。因云南地处西南边疆，官员均顾虑人地两疏，更畏惧交通闭塞、蛮烟瘴雨、盗匪横行，无人愿前往，外交部亦无合适人选。1934年4月，经云南同乡会举荐，周光倬（云南昆明官渡人）被国民政府任命为“外交部特派云南边地调查专员”，赴云南调查。

周光倬于6月抵达云南后，于10月从昆明出发，率随员经楚雄、大理、保山、腾冲、镇康到达孟定，在当地边民的恳请下，毅然不顾参、外两部不准越界（班洪在英方司格德所划红线内，英方极力阻挠）的电令，冒险秘密进入班洪地区，见到了班洪总管胡忠汉，终于了解到当地英军侵略真相，弄清了英方在滇缅边界的侵略事实和未定界问题症结所在，从而为以后向英方交涉维护国家主权、会勘滇缅南段未定界搜集准备了可靠资料。在完成班洪地区界务调查后，周光倬又不畏路途艰险，翻山越岭进入勐角、勐董、经岩帅、双江赴澜沧、孟连，然后又循南峤（勐遮）、佛海（勐海）、车里（景洪）转思茅，沿途了解外国教会的活动，教会势力发展及沿边各县所受影响，最后沿宁洱、磨黑、元江于1935年5月返回昆明。周光倬将此次调查经历和沿途山川地貌、人文风情、官员士绅等所见所闻以日记做了详细记录，前后历时8个多月，行程近6000里，拍摄了300多幅珍贵照片，手绘了部分地图。回南京后，周光倬将调查情况及意见写成《滇缅南段未定界

周光倬调查途中行进至保山怒江间的惠人桥，左二为周光倬　左三为王玺，余下为随员和护卫人员

调查报告书》呈交国民政府，并附呈《云南边地调查照片集》《调查滇缅南段未定界经过路线图》《班洪附近形势略图》和《滇缅南段未定界五色线图》，同时将报告以内部形式少量排印成书，由国民政府主席林森题写书名，分送相关部门和中央要员，以求引起对滇缅边界问题的重视。1967年台湾成文出版社影印出版了此报告书。2015年5月，凤凰出版传媒股份有限公司、凤凰出版社（原江苏古籍出版社）编纂的中国近现代稀见史料丛刊（第二辑）出版了周光倬著，周润康整理的《1934—1935中缅边界调查日记》。

具有爱国、爱乡情怀的黄洛峰受家乡发生的这件大事所牵动着。他串联了同乡陆万美、刘御等人，鼓动云南旅平学会编辑出版《学会生活》半月刊，广泛宣传云南边疆人民抗英的爱国斗争。这个刊物除给旅平云南籍人士外，一部分寄赠云南的学校、团体以及各地的云南学生，还有一部分寄往云南各书店发售，这时的黄洛峰在学会的活动比较活跃。后《学会生活》在云南被查禁，只好停刊，改出文艺性的《西南风》半月刊。

进入班洪后的周光倬与佤族葫芦王、班洪总管胡忠汉合影留念，左一王玺、左四胡忠汉、左五周光倬、左六高耀恒

在参加编辑《学会生活》的工

作过程中，黄洛峰同从日本回国的徐绳祖取得了联系，徐在北京法商学院任教，又在《北平晨报》当编辑，于是黄洛峰托他代谋职业。很快，徐告诉黄洛峰，国民政府军事委员会北平军分会要一名日文翻译，月薪40元，具体工作是剪贴、翻译日文报刊资料。黄洛峰为了继续学习日文和解决社会职业就答应了下来。

几天后，在徐绳祖家，黄洛峰同一个叫魏起功的科长见了面，沟通了一下日文资料的具体做法，具体是先由魏科长选阅圈划后交给黄洛峰剪贴和翻译。双方商谈得较为顺利，谈妥后，黄洛峰就去上班了。

这项工作对黄洛峰来说不难，工作的方法是从报纸中收集情报和资料信息，资料来源是日本东京、中国大连、韩国汉城（今首尔）等地出版的几十种日文报刊，从这些报刊上摘编一些有关军事的文稿和消息报道，其中就包括有日军侵略中国的军事资料。每半月左右，魏科长便将摘出译成中文的资料编辑油印成册，分送有关部门，也有的选送上级部门。在收集日方资料的过程中，黄洛峰学到了一些有用的办法，积累了一些资料收集、整理、分析的经验。

1935年6月9日，日本华北驻屯军司令官梅津美治郎向国民政府北平军分会代理委员长何应钦提出“觉书”，限三日回答，在蒋介石的指使下，何与梅经过秘密谈判，于7月6日复函梅津美治郎，全部承认日方要求，出卖了华北的大部分主权。根据协定，黄洛峰所在的北平军

1935年1月12日在上海创刊的《通俗文化》半月刊

分会解散，人员自谋出路。

1936年初，黄洛峰回到上海。在艾思奇的促动和帮助下，他开始以黄洛峰这个名字写述评类文章，由艾思奇推荐到《通俗文化》等杂志发表。同时，参加了由艾思奇主持的“哲学座谈会”，这个座谈会是在中国共产党领导下成立起来的，它又是以沈钧儒为首的“全国救国联合会”的组成部分，参加了“哲学座谈会”就是参加“全国救国联合会”，黄洛峰的介绍人就是艾思奇。这时的艾思奇已经入党，黄洛峰与艾思奇已经成为同乡、同学、同志了，这是他们俩特别亲密的原因，黄洛峰感到很高兴，两人终生保持了良好友谊，两人体现出了中国传统士的习气，相互尊重、相互欣赏；他们一生中相互帮助，共创业、同成长、共进步。他们的友谊成为中国文化圈的一段佳话，更是云南同乡的一个典范。

1936年6月的一天，黄洛峰在上海遇到时任国民政府军陆军第85师参谋长的黄绥申上校。在黄氏家族内，论辈份黄绥申是黄洛峰的族叔，两人还是省立一中的同学。黄绥申高中毕业后，于1923年12月考入云南陆军讲武堂第十七期学习，后入黄埔军校第五期学习，1928年12月考入陆军大学正则班学习，1931年10月毕业，1936年3月任陆军上校，1937年5月7日任陆军少将，1944年12月任青年军二〇四师步兵六一一团团长。

艾思奇

此时，黄绶申告诉黄洛峰：我现驻在南京浦镇，临时兼任修筑国防工事的工区主任，急需一个会计来帮助掌管银钱，你能来相助最好。此时黄洛峰的事不多，就答应了族叔的邀请，前往工区协助其工作，这是继参加“一·二八”淞沪抗战后黄洛峰又再次投身到中华民族的抗日战争暨世界的反法西斯战争当中。

黄绶申所说的国防工事，是长江沿线的江防工事。这是一个由德国将军亚力山大·冯·法肯豪森提出的庞大防御计划。法肯豪森是国民政府最后一任德国顾问团团长，这是一位富有正义感的德国陆军将军，他协助中国发展自给自足的军火工业，帮助建立了长江以南的防御体系，后在德国纳粹的威逼下被迫撤离中国。

亚历山大·冯·法肯豪森（Alexander von Falkenhausen）

1935年7月，法肯豪森拟就的《关于应付时局对策之建议书》对两年后爆发的抗战的大致走向，做出了相当准确的判断，并对中国日后进行的抗日战争起了相当大的指导作用。这位德国将军在建议书中写道：“目前威胁中国最严重而最迫切者，当然日本。日本对中国之情，知之极悉。其利害适与中国相反，故必用尽各种方法破坏中国内部之团结与图强，至少设法迟延其实现。”“设想则政府有坚忍意志，断无不抵抗而即承认敌方要求，沉默接受。鄙意民气即是造成抵抗意志，故不容轻视。苟领袖无此种意志，则人民亦不肯出而抵抗。抵抗意志必须有实力之兵力，方有固定之基础，目前中国陆军，故不能担任新式战争，但未若不可用持久抗敌，迫使其增加兵力，一切重要莫过于成立虽小而极端新式之国防军。”“对海正面有重大意义者，首推长江。敌苟能控制中国最重要之中心点，直至武汉一带，则中国之防力已失一最重要之根据，于是至内地，中国截分为二。”“东部有两事极关重要：一个封锁长江，一为警卫首都，两者有密切之联带关系。次之为武汉、南昌，可做支撑点，宜用全力固守，以维持通广州之联络。终之四川，为最后防地。”这位德国将军对中日关系、日本军人和政府对中国的了解程度、中国政府和民众、中国军队的现状、中国长江下游一带军事地理地貌等的分析是到位的、准确客观的。

在中日间签订《淞沪停战协定》之后，为防止日本从淞沪地区进攻南京，法肯豪森又到镇海、乍浦、江阴、镇江、连云港等地视察，制定了一套江阴、镇江和南京江防的计划，并协助张治中将军在苏州和嘉兴之间建立起一道坚固防线。

杨杰将军

1932年2月，为防日军舰沿江进犯，拱卫首都，在军政部内成立了江阴、镇江、江宁各区要塞实施委员会，主办工事设计、实施事宜，由军务司主持此事。同年12月，为统筹国防工事，在参谋本部内成立城塞组，组长由参谋次长贺耀祖兼任，1935年后由云南籍的杨杰将军负责。

对日防御的国防工事，修筑的基本方针是以长江、铁路为轴线，以交通要点为中心而进行的。华东沪杭地区始于1936年构筑国防工事，以防御日军从海上侵入后，海军与陆军协同西进。军事委员会结合地理形势，将沪京杭地区划分为三个防御区，即京沪地区、沪杭地区、南京地区。

南京地区的阵地构成是：主要阵地带配置在龙潭、栖霞山、青龙山、苍波门、大胜关、上新河、下关、燕子矶一线，形成闭合性的环形阵地。以南京城垣为核心阵地，在城外利用下关、香山、江山、紫金山、雨花台到双桥门一线构成补助复廓阵地带；在城内北极阁、鼓楼和清凉山构成坚固的核心据点。此外在江北浦口、浦镇等地设置了桥头堡阵地。

主要阵地带和第二阵地带的步兵营阵地都是连续式配置，主要方向上构筑了较多的永备筑城工事；次要方向上重点构筑了部分永备工事(有的未构筑)。按照计划，在战争动员阶段再构筑大量的野战工事，将永备工事连接起来，形成一个完备的防御系统。

根据法肯豪森的计划，中国投入正规军4个师、3个工兵团及若干宪兵，动员民工达10余万人，耗资数亿元，到1937年春完工。黄洛峰所要去的国民政府军陆军第85师就在南京浦镇附近构筑防御工事，属于沪京杭地区3个防御区中的南京地区的桥头堡阵地。

工区是个临时性质的施工组织单位，办事人员不作为军队的编制，是临时请的，月薪50元，全是些行政事务工作，时间非常零碎。年轻的黄洛峰本想到了乡下，会比都市清静，还可以写点东西，可是一到现场，他就被中国军人、老百姓在民族危亡之际不当亡国奴的抗争精神感染了，全身心地投入繁忙的施工中，把写作的愿望暂时放下了。

黄洛峰参加构筑的国防工事主要是用钢筋水泥，按德国陆军最新规范构筑机枪、小炮掩体及观测所和掩蔽部等。根据地形及战术要求等条件，分别构筑永久性、半永久性和临时性3种工事。有的只备建筑材料，待需要时再临时构筑。他投入到紧张的枪炮工事、堡垒、掩体、交通壕的施工管理组织中。每天凌晨四五点就起床忙碌着，到工区内的一个又一个施工点，他接触的中国的士

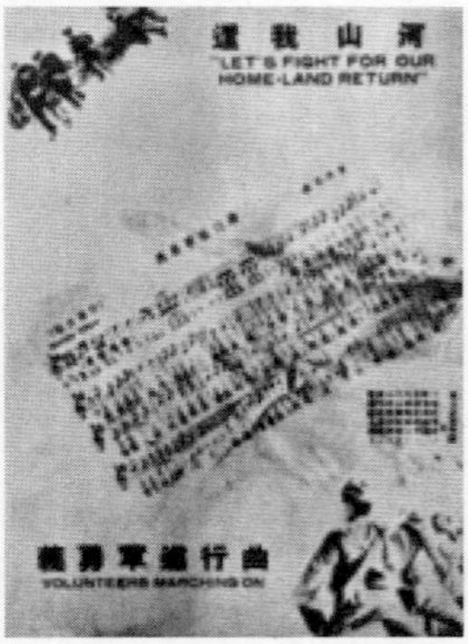

《义勇军进行曲》宣传画

兵、中国的老百姓，大家都有一个共同的愿望就是不愿当亡国奴，愿用自己的热血和生命与日本军国主义做殊死的搏斗，在国家和民族处于一种空前未有的危难时节，他全身心投入到民族保种生存的战争准备中，认真负责地做好工区内的费用管理工作，做到有条不紊，收支有度，按时足额将费用结算给劳工和供货商人，时常还跟随黄绶申到工事、掩体等的施工现场，察看进度，与技术人员一起深入施工现场，他的工作得到黄绶申的赏识，也获得工区内军人和老百姓的认可。这段时间，他接触了大量的中国社会底层人民群众，了解到了人民大众的疾苦，感受到了中国人民生活在水深火热当中。结合自己曾到日本留学的经历，和对日本这个国家、民族的历史和文化的了解，让他感受到中日双方在经济、政治、文化、科技方面有较大的差距，感到我们这个国家和民族还是很落后，特别是1932年“一·二八”淞沪抗战中的近距离的战争体验，他有一种空前的危机感，切身感受到自己的同学聂耳为影片《风云儿女》所创作的《义勇军进行曲》中所写到的——中华民族到了最危险的时刻，那简洁、雄壮的旋律让黄洛峰永记在心。

四　走上传播真理和科学的岗位

欲成大事者，会把压力当成推进人生的动力，人最出色的工作往往是在处于逆境的情况下做出的。刚进入读书出版社的黄洛峰能看得清自己，能客观看待这个世界和从事的工作，不忘真理和科学的初心，牢记党组织赋予的使命，坚定前行。在与社会各界的交往中展示着技巧，在处理复杂问题时既坚守原则又机智灵活地开创新局面，在引领同业中显现着领导之能力，在创造中国文化品牌中奋勇前行。

一封改变了三个云南人的信

在南京浦镇的三个多月里，随着接触的人和事的增多，黄洛峰预感到中国和日本之间将要爆发大的战争，他对国家和民族的前途命运十分的担忧，很想为国家和民族多做点事。

郑易里

一天黄洛峰收到既是同乡又是同学的艾思奇、郑易里的来信，在来信中两位同学提到国民党更加疯狂地镇压群众的爱国运动，11月22日发生了“七君子”事件。这个消息，使黄洛峰非常震惊，因为一边是日益加紧对日作战的准备，一边是对爱国群众的镇压，特别是“七君子”都是救国会的领袖，是黄洛峰极为敬重的人物。来信中艾思奇、郑易里向黄洛峰坦诚诉说了他们共同创办的“读书生活出版社”，由于李公朴的被捕，遇到了政治上和经济上的空前危机，所以郑重邀请他去担任经理。

这封普通的信，它产生的效果是写信人和收信人都未曾预料到的。这封信，不仅改变了收信的主人——黄洛峰，还挽救了一个出版社——读书生活出版社；同时，这封信还连结起了黄洛峰、艾思奇、郑易里三个云南文化人终生的友谊，这三个云南文化人以一种崭新的姿态出现在现代中国的文化高地，对现代中国的文化建设产生了极其深远的影响，三人中最终一人成为大众哲学家、一人成为杰出的出版家、一人成为科技情报专家和中国电脑汉字形码理论体系的奠基人，三人均为新民主主义文化发展做出了突出的贡献，三人也是读书出版社的云南三剑客。

20世纪30年代的艾思奇

在黄洛峰看来，这不是一般的邀请，而是时代赋予自己光荣而神圣的使命，使命在召唤，不容任何迟疑，他慨然应诺，立即准备赴任。至此,揭开了云南文化三剑客把科学和真理与中国实际相结合、文化与时代同发展的序幕，在近代中国文化发展史上书写下了浓墨重彩的一笔，从文化理论到文化实践，在继承和发扬中国传统文化上做出了重要贡献，在文化传承和科技创新上留下了深深的云南印记。

收到信两天后，黄洛峰向黄绶申提出辞职返沪的要求，这位上校参谋长非常善解人意，达观豁达。为了帮助黄洛峰还债和举家搬迁，除所得月薪之外，黄绶申又多给了黄洛峰300元，黄洛峰留下100元还债，计划把其中的200元作为新股投入到读书生活出版社中。他又向黄绶申说明艾思奇、郑易里两位云南同乡面临的困境，黄绶申与郑易里曾是同班同桌的同学，两人在学校时就相处得很好，这位后来成为陆军少将的黄绶申十分重视乡里情谊，当得知两个同乡的艰难境遇时，当即答应入股800元，用以帮助这三位同乡即将要进行的事业，黄绶申坚信他们的事业会成功。在我们奋斗的事业中，有许多像黄绶申将军这样真诚的朋友给予了重要的帮助，这位将军后来因公殉职，没能看到他深信的为人民谋福祉的事业获得成功。黄绶申对黄洛峰和他的朋友们的事业给予了真诚的帮助，民国人士的这种风范，这样的乡土情结，也许能给予我们一种启示。

黄洛峰，这位还没有上任的经理，已经为即将到来的新事业筹集资金了，他带着已经筹集到的1000元股金上任了。他走向了一条改变了他自己，也影响了中国20世纪图书出版业的艰难崎岖之路，他是中国出版业的新一代开拓者；他踏上了一条艰辛的播撒红色火种和传播学术思想的光荣之路。

在办完工区的交接手续后，他深情地看了一下曾经工作过的工区，他真希望这一座座工事和堡垒、一个个掩体、一道道战壕能阻挡住日军的车轮，止住战争的脚步。

在与族叔道别后，黄洛峰携家人由南京往上海出发了，在东去的列车上，黄洛峰想起了自己与读书生活出版社的交往和友谊。

自己正是由于受进步书刊的影响，才一步一步走上革命道路的。最初的引路人秘密地传给他看的就是《向导》《新青年》和《共产党宣言》《共产主义A、B、C》等进步书刊，就连自己到图书馆里争着借阅的也是《新青年》和陈独秀、李大钊、鲁迅的著名文章和书籍。从中学起养成热爱读书的习惯是黄洛峰终身的嗜好，读书、写书、出版书籍伴随其终身。还在担任昆明市团委书记筹办“云南书报社”时，他就曾设想过办党领导的书店，办具有特色，又吸引青年人的书店。他走到哪里，都想着书刊和文化给人的力量，他认为文化能改变一个人、一个家庭、一个民族甚至一个国家，书刊是给人智慧的源泉。所以，一有适合的条件，他就想法办一个刊物，在上海民众反日联合会做了努力，在北平云南旅平学会做了尝试，今天他感到一个新的机会又一次与自己相遇，他认为自己应当紧紧抓住这个机会，把握住难得的机遇和挑战，他是把机遇看得比困难更重要的人，机遇是难求到，困难是能战胜的，他抱着坚定、执着的信念走马上任了。

望着车窗外远去的村庄和田野，他还想起艾思奇同自己谈过《读书生活》杂志的缘起、创建和发展为出版社的历程；自己也了解过出版社的情况，有些事情他们还反复商量过，他们之间的交往并不仅仅是基于私人之间的友谊，更因为他们拥有共同热爱的事业，拥有相同的共产主义理想，作为共产党员他们认为，凡是共产党领导和倡导的事业自己应当做一个积极的参与者和实践者。

在晃动的列车上，随着列车有节奏的“咣当、咣当”声，他忆起《读书生活》的创刊词中说道：“展现在我们面前的是眼花缭乱的世界，艰苦酸辣的生活，我们时时在抗争中，但是我们如何才能维护生存，如何可使生活向上，不仅需要勇气，毅力，尤其需要知识。”而“我们读书，掌握文化科学知识，是为了提高认识，改革社会。”这段话，黄洛峰自己也十分欣赏，并经常作为与好友谈起的心里话。当时他正在北平编辑《学会生活》，也有过类似的呼声。

《读书生活》杂志封面

对读书的态度，自己同艾思奇的意见也是相一致的，并共同商量探讨过，《读书生活》的创刊词中说：“提倡读书是读活书，是一面为生活挣扎，一面在万分嘈杂中利用一分一分的时间去读书；是把读书融化在生活中。”“所以我们提倡读书，但一定要读我们生活需要的书，我们提倡读书，但一定要配合我们的生活实践的读书，我们提倡读书，但一定是有正确方法为指针的读书。”这正是他们一直在大力提倡、不断践行的读书态度。

在得知读书生活出版社面临困境时，黄洛峰同艾思奇、郑易里的心情一样焦急和沉重，为了使这个新生的事业坚持下去，不被扼杀在摇篮里，就必须克服困难，使刚刚开展的业务继续下去，不能因李公朴先生的被捕和《读书生活》的查禁，再去挫伤广大读者对进步出版事业热忱支持的积极性。黄洛峰这一位重返战场的战士，没有进入哨位，就已投入到战斗的准备中了。

到上海读书生活出版社担任经理

1937年2月初，正是人们忙着过春节之际，一列从南京来的列车缓缓驶入上海车站。在蒸汽机车喷出的水雾中，黄洛峰走出车站，往静安寺路斜桥弄（即南京西路吴江路）方向走去。

上海静安寺路斜桥弄就是读书生活出版社的社址，虽然这里的房子是狭窄拥挤的，但正是在这条上海普普通通的弄堂里，变化在悄无声息中发生着，一些历史并非史学家所描述的那样轰轰烈烈，悄然无声息也同样蕴藏着春雷风雨，只不过一切在细润无声中变化。这是一个传播真理和科学的阵地，也是组织团结革命学者和进步作家的阵地，更是广大读者渴求精神食粮的阵地，保卫好这个阵地，发展好这个阵地，成了黄洛峰神圣而光荣的职责。

黄洛峰从离开南京就反复思考的是：如何在读书生活出版社经理这个岗位上，发挥好自己的作用，突破国民党的“文化围剿”，使革命出版业成为一支“突围”的新军。在这个岗位上自然会有各种艰难和险阻，会有许多无法预测的事，但是，人生就是需要担当，应该直面困难。对此，黄洛峰做好了事不避难、义不逃责、素位而行的思想准备。

郑一斋先生

根据读书生活出版社面临的困难，从小就受家庭商业环境影响和熏陶的黄洛峰与艾思奇、郑易里商量，出版社需要扩大股份，征集新股，以增强其经济基础和力量。三人商量后，郑易里向他在昆明三市街开景明号做生意的哥哥郑一斋求援，其兄重视手足情深，深明大义，一次就给弟弟汇来了3000元，郑易里将这笔款做为股金一次性投到了出版社，支持了读书生活出版社所进行的传播真理和科学的文化事业。此后多年，郑一斋先生同出版社保持了长久的良好关系，多方面帮助了中国共产党的工作。同时，黄洛峰也把带来的1000元投入到出版社的股金中。

上任之初的黄洛峰，对出版社的情况是有所了解和掌握的。虽然问题和困难较多，但他既不乱发议论，也不匆匆发号施令。他从人的工作做起，首先是对员工进行个别谈话，了解情况，并定了一个周会制度，让大家在周会上对如何办好出版社畅所欲言，用民主的方式集中大家的智慧。同时，又采取适当的方式发布安民告示，即凡社中职工，除自己愿意离社，否则一律留用，并给予充分信任，以稳定大家情绪，凝聚人心。黄洛峰在读书生活出版社经济困难的解决、经营和组织管理上均吸纳群众智慧和发挥集体力量，他是一个善于组织团队、有亲合力的人。

他认为首先得解决领导核心的问题。经过改组扩大之后，出版社新的领导成员是：董事长郑易里，总编辑艾思奇、柳湜，经理黄洛峰。他认为这个领导核心是好的，这个领导核心能很快地凝聚并形成坚强的力量，一是这个领导核心成员在思想政治方面是一致的，都有马克思主义的信仰，都拥护中国共产党的抗日救国主张，都反对国民党的对外屈服对内镇压的反动政策；二是这个领导核心成员都热爱出版事业，是革命出版事业知名的进步人士，几乎都是共产党员，从创社起就受共产党的领导。这样，他们就以各自的所长分工，各尽其力共谋全社事业的巩固和发展。

当时扭转读书生活出版社的关键是经营管理，面对困难，黄洛峰认为：困难是过去积累下来的，克服困难的关键是找出问题所在及其产生的原因，不能怨天尤人，更不是要追究谁对谁错，而是要大家提高认识，凝聚克服困难的正能量，团结携手并肩共渡难关。他把问题摆在领导集体面前，经过集体讨论和研究，一致认为，应向大家明确讲明社内存在的问题和不足，以便全体员工总结经验、吸取教训，改正各自工作中的缺点。让大家明了在斗争生活的道路上，谁在苦难面前低头，谁就会灭亡；反之，谁能吃得苦，撑下去坚持斗争，谁就能够成功。

柳　湜

黄洛峰明确提出，出版社除了需要确定一个出版方针和向社会、向读者征股，用以增加社内资金两大工作外，应该立即着手解决的问题有以下几个方面：1.机构设置不恰当，职责分工不清；人员忙闲不均，互有推诿，影响个人积极性和主观能动性；2.原来的会计制度不科学，账目无条理，不易看出盈利还是亏损；3.书籍没有成本核算，也无一个定价准则，什么书应多印或少印，什么书应从低定价没掌握好；4.工作纪律松弛，常有不遵守作息时间，工作纪律不严格的现象；5.业余时间散漫，没有管理，生活比较单调，没有适当引导。针对这些情况，黄洛峰首先进行内部机构和人事的调整，使分工明确，各司其职。他是一个敢于正视缺点和问题的人，不务虚空谈，不遮不掩、不躲不绕，做到问题心中明晰，是一个抓铁有痕、踏石留印的人。

这一年黄洛峰27岁，他多少年来都没有过这样愉快的心情，虽然工作异常紧张，但情绪高昂，工作一天也不疲倦，感到工作特别有意义。他说："我不仅没有做过书店工作（仅仅筹备过"云南书报社"），连任何生意经验都没有，马上来负责，心里总是感到怎么干呢，从何处干起呢？" "我相信只要肯学习和实践，很快的便可以成为一个内行。我怎样去学习和实践呢？那就是尽量地去接触各部门的工作，从督促工作，检查工作当中，把自己锻炼起来"。

他认为只有在出版社，才真正可以施展自己蓄积的才能，是他选对了读书生活出版社这个阵地呢？还是读书生活出版社选对了黄洛峰这个经理呢？随后的历史实践证明，双方均是正确的，也都是满意和优秀的。从此，黄洛峰投身到党领导的出版事业中，并终身结下了不解之缘，为传播人类的科学思想和先进文化,做着文化启蒙工作。他在寻求民族独立和人民解放的征程中播下一粒又一粒启蒙的种子，若干年后收获了丰硕的成果，创造了难以忘怀的业绩。

黄洛峰认识到，《读书生活》刊物之所以能抓住广大读者的心，就是由于它有突出的优点，一是通俗化，大众化；二是讲思想，讲方法。它不仅向读者指出是什么，而且向读者解释为什么。他认为，凡是受群众欢迎支持的刊物，就能扎得下根，开得了花，任何压力都能顶住，因为它有坚强的生命力，力量的源泉就来自群众。他认为若要做好出版工作，任何时候，都必须注意既要同作家、学者保持紧密联系；同时也要与读者、群众保持紧密联系。这是他从事出版工作起就给自己立下的服务准则，缺少这两个联系，既不可能为作者服务，也不可能为读者服务。他认为任何好的精神食粮，都是作者、出版者、读者三者共同努力的结果。因此，他的精力，除花在联系作者和读者之外，再就是花在出版工作者身上。他到出版社后，对本社同志倾注了大量的心血。

经过调整和加强管理，全社员工精神为之一振。同时，黄洛峰也重视管理中的会计工作，实践经验告诉他，会计也是一门科学，要有专门的人员来做，因此，出版社专门聘请了懂复式记账的会计师和簿记员，设立了出纳员制度，订立了新的会计制度。

在办公室的墙上，还挂出醒目的标语：

严肃　紧张　活泼

今日事　今日了

努力工作　努力学习

他要求认真落实标语中的要求。他把员工们组织起来，团结起来，利用周末举行茶话会、组织到郊区踏青，以调剂生活，加深同志间的相互理解和感情，加强出版社的凝聚力和战斗力。由于采取以上措施，很快稳定了全社员工的情绪，工作出现新的气象。

有商业经营管理经验的黄洛峰、郑易里知道事业的发展还是需要资本的不断投入。关于增资的问题，按照董事会决定，采取向社会、向读者公开征集入股。

1937年2月，在读书生活出版社《读书》杂志登出了征股启事，向广大读者吁请支援。启事登出后，有写信汇钱来的，有亲自送到出版社的，钱的数量不多，但他们响应了希望“一切同情我们事业的朋友，伸出友谊之手”的吁请，给了出版社员工莫大的鼓舞。多年以后凌伶还记得读书生活出版社征股的事：“有一天，我把股款送到斜桥弄（今南京西路穿到石门一路的一条斜路）一幢坐南朝北的三层楼房里，接待我的是柳湜，而签署收据并把它交给我的是继任经理黄洛峰，从此就和读生发生了关系。以后我又去过几次，洛峰曾送给我《新哲学大纲》《在人间》等书。”

读书生活出版社新旧的交替也是淡定从容的，生活中一些伟大的改变就在不经意间发生和完成。读书生活出版社确定改组原则之后，正是阴历除夕，照理对于账务，是应该做一个结算的，但是时间紧迫，安排又来不及，只是简单地在账户上划了条红线，加盖图章，以示新旧之别，就这样办完了交接了，简单到了无法想象，也许这就是中国传统士林的风骨体现，大气、简约，事情本身没那么复杂，是人们太注重形式，把事情的本真搞得太复杂了。

黄洛峰接着进行经营管理方面的改进，着手制度建设，办事得有个规矩。制定了审查审核制度，一切工作不符合规矩要求便返回去重新做，如信件的来往、发票、传票的书写，都需一一书写清楚，经过审阅或复核之后，才能收进和发出。这样一来，大家办事按章程办理，按规矩行事，工作效率大大提高。随即整个出版社的工作也逐步走向正轨，大家都感到为着一个共同事业，各自在不同的岗位上愉快地努力工作着。

以今天的标准来衡量，黄洛峰算得上是一个职业经理人，他自己带头，以身作则。经过他细致的思想工作和科学流程管理的推行，时间虽然很短，但全社精神面貌为之大变，大家都增强了信心，改变了作风，给全社注入了新的生机。工作他抓得紧，学习他抓得紧，凡是社内规定的措施和制度，他首先要求自己做到，然后才要求别人做到，言必行，行必果。出版社新的气氛，激发了大家的斗志和决心，蔑视困难，克服困难，成为大家的实际行动。这种吸引力和凝聚力，为读书生活出版社的振兴奠定了基础。

黄洛峰以社为家，与同仁为伴，共同建设和经营出版发行阵地，使它成为进步文化界的一个红色堡垒，成为中国共产党领导下的一个红色驿站，是黑暗中一座不灭的灯塔，照亮着无数人前行的方向，引领着科学和先进文化的发展。

中国第一部《资本论》全译本的出版

在中华民族抗日战争暨世界反法西斯战争中，黄洛峰始终坚守着自己的阵地，不忘科学和真理的传播。他到达工作岗位后，在业务上的第一件事情是树立起明确的出版方针和制订出版计划。

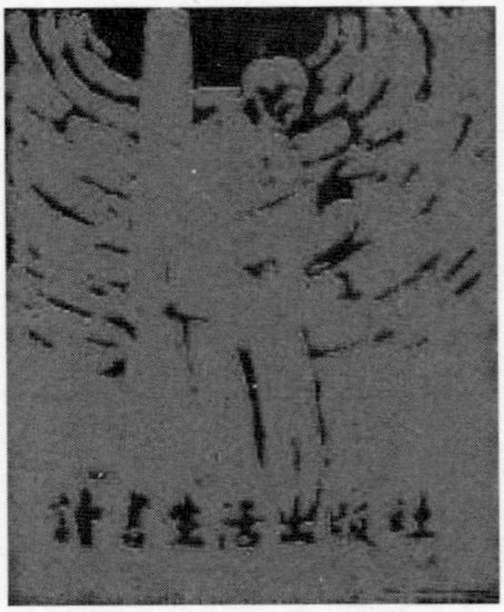

读书生活出版社的社名招牌

读书生活出版社的社名招牌是由沈钧儒的叔叔所写，简称“读社”或“读生”，以后由黄洛峰简化为“读书出版社”，至此以后，读书出版社在社内社外简称为“读社”，这一简称，是传承更是发展。读书出版社的出版方针是：以传播马克思主义为长远任务，以抗日救国为现实任务。这是他们共同研究制定的正确的总方针引领，它为读书出版社的发展立下了不朽的功勋。经黄洛峰和艾思奇、郑易里精心研究之后拟定了读社的出版计划，这一计划中最引人注目的书目是《马克思恩格斯全集》，首先要出版的就是《资本论》，完成中国第一部《资本论》全译本出版和发行，这是一个要有点胆量才敢干的计划。

《资本论》来到中国也是历经艰难坎坷的。1930年3月，上海昆仑书店出版《资本论》的第1卷第1分册(即第1卷的第1篇)，由陈启修(陈豹隐)根据德文版参照日文版翻译。1932年8月、1933年1月，在北平东亚书店出版《资本论》的第2、3、4分册，包括第1卷的全部，由潘冬舟翻译。1932年9月，北平国际学社出版《资本论》的上册，由王慎明(思华)、侯外庐译。1934年5月，商务印书馆出版《资本论》第1卷第1分册(即第1卷第1、2篇)，吴半农译，千家驹校。1936年6月，北平世界名著译社出版《资本论》第1卷中册(即第3篇第8章至第4篇第13章)。世界名著译社出版《资本论》第1卷下册(即第5篇第14章至第7篇第25章)，右铭、玉枢译。七年间，经过平沪两地的进步学者和出版者的努力，但仍然只翻译出版了《资本论》的第1卷或第1卷的一部分。

郭大力计划和王亚南合作翻译三大卷的《资本论》，曾几度与几家大型出版社接洽，可是没有一家书店敢于承担。之后经原《读书生活》的编辑夏征农介绍，找到了财薄力弱而又困难重重的读书出版社。出乎译者预料的是，读书出版社当即答应出版《资本论》，并完全同意译者所提要求。黄洛峰，这位有中国传统士的风范与现代契约精神的经理，为了支持译者坚持这项工作，保证其译作上的顺利，由出版社同译者签订了约稿合同。对译者的扶持，出版社的态度是明确和坚定不移的。读书出版社和郭大力签订了约稿合同，每月分别支付两位译者预支版税各80元。而且为了使支付不受正常业务资金周转的影响，特意提出2000元在银行单独开立账户，作为专门支付译者预支版税之用。包容是肯定自己也承认他人，是一种善待生活，善待别人的境界。在包容的背后，蕴含的是爱心和坚强，是挺直的脊梁，是博大的胸怀，这种博大、创新的商业精神对当下会有几许启示吧！

读书出版社与译者的这个合同，大大增强了译者的信心，在文化界这事不胫而走，传为佳话。人生最大的修养是包容。它既不是懦弱也不是忍让，而是察人之难，补人之短，扬人之长。国内的出版界闻此事后反映不一，有的钦佩出版者的胆识，有的赞叹决策人的魅力；有的质疑，有的摇头，有的就根本不相信这合同会实现。而执行这一合同的甲方代表就是黄洛峰。

黄洛峰秉持着沧海桑田我心不惊、安稳自然的坚定信念，尽管费用占用全社资金近半，也毫不动摇，他宁肯在其他方面更艰苦些，紧缩开支，也不失信于辛劳的译者和渴望的读者。他动员全社人员，不管大气候怎么恶劣，小环境怎么困难，都要下定决心，齐心协力，保证《资本论》全译本这部大书在中国出版。历史就是在一点一滴的艰苦创业中写就，当回首来时的路上已经树木成林、硕果累累，这让我们看到“三联”的精气神。

在保障大书出版工作的同时，黄洛峰对出版计划中的其他书刊，也不放松，照出不误，他排除障碍，克服困难，随着对出版社的清理整顿，集中大家的智慧，困难和问题逐一解决，使得整个出版社“春意”盎然。

当读书出版社的同仁们在努力准备着出版《资本论》全译本时，战争的阴影已经波及淞沪地区。由于受1932年“一·二八”事变后《淞沪停战协定》的限制，中国军队不能在上海市区及周边驻防，市内仅有淞沪警备司令杨虎所辖上海市警察总队及江苏保安部队两个团担任守备，兵力薄弱。然而，日本在“一·二八”事变以后，即在上海虹口、杨树浦一带派驻重兵，专设日本驻沪海军陆战队司令部，驻沪兵力有海军陆战队3000余人，大批日本舰艇常年在长江、黄浦江沿岸巡弋。

1937年，日本侵略军制造“七七”事变，侵占平津得手后，企图侵占上海，而后进攻南京。8月9日，驻沪日本海军陆战队官兵两人驱车闯进虹桥机场进行武装挑衅，被中国保安部队击毙。日军以此为借口，要挟中国政府撤出上海保安部队，亦向上海增兵。8月13日，日本海军陆战队以虹口区预设阵地为依托，向淞沪铁路天通庵站至横滨路的中国守军开枪挑衅，并在坦克掩护下沿宝山路进攻，被中国守军击退。至此，“八一三”淞沪抗战打响。战事进展到11月5日拂晓，日军利用大雾、大潮在杭州湾的全公亭、金山咀登陆，对淞沪实施迂回包围。中国右翼军部分沿海守备部队已抽调支援市区作战，猝不及防，阵地相继失守，战局急转直下。日军第十集团军于11月6日占领金山，力图与上海派遣军达成合围。蒋介石被迫于11月8日下令全线撤退，日军于11月9日占淞江、12日占上海，“八一三”淞沪战役结束。

在战火烧到上海后，给读书出版社提出了极大的挑战，艾思奇和周巍峙奔赴延安；郑易里留在上海租界内，等待《资本论》的译稿陆续交来以及处理书刊的其他事务，一个出版社就分解成几部分了。但是，黄洛峰从长远打算，力主读社随着战时中国文化中心转移，主张沿长江而上，选必要书刊和纸型搭船西迁。他毅然带领徐德、赵子诚等前往武汉。日本军国主义的战火，让中国一个普通的出版社踏上了漫长的文化迁移之路，一个出版社的领导向三个地方疏散，但主体同黄洛峰一刻都没有分开过。在黄洛峰撤离上海时，一再向郑易里和译者要求，《资本论》的出版计划，双方要继续坚持履行合同不变。

在外敌入侵，战火中的人们已经自顾生命和自己财产之时，黄洛峰想到的还是这样一份普通的出版合同，它在黄洛峰眼中显得如此重要，是有他自己的考量的，出版《资本论》中文全译本对中国来说是一件大事，甚至对世界来说也是一件大事。读书出版社已经担当起了这件大事，成功与否关系到整个出版社以后的发展与生存，也关系着国家和民族，将《资本论》这一科学巨著引入到中华民族文化圈，让我们这个民族从这一科学巨著中吸取智慧和力量，是支撑黄洛峰坚持下去的思想根源，在他身上突显出云南人厚道实在、勇于担当、重义轻利、恪守契约的精神。

在中国的传统中，士的上品是内圣外王的人才，既能对自己的行为怀羞耻之心，又能不负重托，担当一方重任的人。士林的风范就在于有正确的义利观和世界观，黄洛峰所秉持的就是这样的观念。他坚信，在战争环境中，人更应当坚守诚信，不为外界所干扰；在艰难困苦中依然要恪守合同，不为己难而弃守，坚持守望相助。黄洛峰与郭大力所签署的这份出版合同，在中国抗日战争的进程中，双方用坚定和执着忠实履行完成，这份合同深含了我们中华民族士的情怀和对契约精神的执着坚守。

无论是译者郭大力的工作，还是读书出版社的工作，均受到日本侵华战争的严重干扰。当《资本论》第1卷译稿交到郑易里手中之后，郭大力提出为了人和译稿的安全以及能继续工作，需要离开战区，撤往江西赣州为好。此时，郭大力得到读书出版社的大力帮助和支持，读书出版社专门派人陪送他绕道香港、广州、重庆等地，安全转移到达郭大力的老家江西赣州，让他继续从事译稿工作。战火不能摧残文化和科学，千里迢迢的远征，是战火硝烟弥漫下双方的一种职业坚守。郭大力在他的老家一直译完了第2卷和第3卷（其中部分稿件为王亚南所译）。郭大力是位认真负责、字字斟酌、忠实原著、一丝不苟的翻译家。他在非常艰苦的条件下，一边翻译，一边用航空信纸誊清，再以航空挂号信件，寄给汉口的黄洛峰，黄洛峰再寄给上海的郑易里。第1卷还请了章汉夫校阅，再由郑易里核校、编辑、整理。读书出版社从汉口迁往重庆后，郭大力便将译稿直接寄给上海的郑易里。在战火纷飞的岁月里，稿件就这样在中国的上空传递着，无数航空挂号信记录了知识和科学传播的艰辛，每一封飞越战火的信函就是我们不屈服外来侵略和压迫的历史见证。不到两年，3卷全部译完。当《资本论》全部译稿到达郑易里手里时，时间已经到了1938年3月，为了译文的核对，郑易里每收一批，都要用日文译文校阅一遍，全部书稿均是这样校阅完成的。黄洛峰对郭大力、王亚南、郑易里、章汉夫对这部巨著所付出的劳动和心血是特别敬佩的。他常常以这事为例，时刻提醒读书出版社的工作人员，这就是我们的事业，对伟大人物的巨著，就要具备这样严谨的科学态度，来不得半点疏忽和马虎，因为巨著本身凝聚着科学结晶，参与制作的人，都必须具有老老实实的科学态度。

当得知《资本论》全部译稿，经过反复校阅，可以立即付印时，黄洛峰高兴得跳了起来，他感到如释重负，于是马上召集会议专门研究出版事宜。上海印制比大后方相比有优越条件，但上海已经被日军占领，租界已成孤岛，若没有既熟悉上海情况，又懂出版印刷业务的内行去帮助郑易里是不成的。为此，黄洛峰专门派出了读书出版社主管发行的、黄洛峰的得力助手万国钧从武汉来上海，商定版式，联系适合的印刷厂，接洽买纸及资金的运用和周转。接下来如何把印刷好的书从上海运送到大后方，书在大后方如何发售，如何运往延安和重庆，使这部巨著能在中国起到应起的作用，这些都是要黄洛峰精心策划、慎重考虑的具体工作。

虚心好学的黄洛峰，得知胡愈之在“孤岛”的上海创造三个月出版《鲁迅全集》20大卷的奇迹，决定利用上海“租界”的特殊条件在上海出版《资本论》。万国钧来到上海安排《资本论》的出版事宜，第1版出版3000套。请郭大力从赣州来上海，与郑易里共同主持《资本论》的编辑出版工作。由郑易里、郭大力看校样。在付排时，《资本论》是横排还是直排、用五号字还是用新五号字等问题，读书出版社本着对读者负责的精神，在汉沪两地函电往来作了较为慎重的商讨，受新文化的影响，横排字

读书出版社出版的《资本论》三大卷

易读、美观、经济，最后一致同意用新五号字横排。也是用了3个月时间，突击完成了《资本论》三大卷的出版工作。8月31日出版第1卷，9月15日出版第2卷，9月30日出齐了第3卷。至此，《资本论》全译本在中国问世了，东方古国也在吸纳着这位德国人伟大科学的思想，用这一思想去寻求着民族的独立和人民大众的彻底解放，追求人类的平等、和谐和发展。

1867年9月14日，《资本论》第1卷在德国汉堡正式出版，其余各卷在马克思1883年逝世以后由恩格斯整理出版。《资本论》是马克思用毕生的心血写成的一部经典科学巨著，是马克思“整个一生科学研究的成果”，它凝聚着马克思的全部心血和智慧，是他献给全世界无产阶级的一部最重要的科学文献。《资本论》对资本主义进行了彻底的批判，它在世界各国广泛流传，成为工人阶级反对资产阶级的强大思想武器；同时，资产阶级中的有识之士也从《资本论》中汲取营养和有用的成分，促进了资本主义社会在自身范围内的不断改革和持续发展。《资本论》对旧社会，它是批判的武器；对新社会，它是建设的指南。《资本论》在马克思去世后，持续影响了从乔治·萧伯纳到列宁这样的思想家、作家和革命家。

19世纪中叶，恩格斯曾经非常深刻地指出：“资本和劳动的关系，是我们现代全部社会体系所赖以旋转的轴心，这种关系在这里（指《资本论》）第一次作了科学的说明，而这种说明之透彻和精辟，只有一个德国人才能做到，这个人就是卡尔·马克思，他攀登到最高点，把现代社会关系的全部领域一览无遗。”时隔160多年后的21世纪初的今天，“资本和劳动的关系”仍旧是人类社会体系赖以发展最基础的生产要素和社会关系。《资本论》中存在着一种不可磨灭的“道”在里面。马克思在《资本论》第1卷中，系统全面地阐述了资本主义基本矛盾的产生、发展和克服的过程，从而透彻详尽地阐明了唯物辩证法关于对立面的统一和斗争的学说，阐明了唯物辩证法的实质。《资本论》是对唯物辩证法的丰富和发展，正如恩格斯指出的，《资本论》的方法不亚于历史唯物主义基本观点的发现。

达尔文的《进化论》发现了有机自然界的进化规律，马克思的《资本论》发现了人类社会的进化规律。《资本论》是人类历史经验和智慧的结晶，是对国际工人运动斗争经验的总结，它的出版，为无产阶级革命指明了正确的方向。今天，我们在建立社会主义市场经济、建成小康社会的道路上，仍然要学习和借鉴《资本论》的精神实质，学习经典不过时。学习和研究《资本论》，一是学习和掌握《资本论》的世界观和方法论，二是学习和掌握《资本论》分析和解决问题的工具。根据经济发展的需要，明确在当前阶段所要保留和运用的《资本论》的经济范畴和原理，就是对马克思主义的坚持和发展。

黄洛峰组织出版了《资本论》，他不会看到后来人们对《资本论》在中国、在世界的众多争论，但他认为

《资本论》书影

《资本论》是科学著作，对中国人民的革命和建设、国家的富强和人民的幸福是有益的。这部拥有200万字三大卷精装本的巨著，每卷都是用黄色为底中间套红的封皮，在封皮的上面写着闪光耀眼的“资本论”三个字，下面印着“卡尔·马克思著 郭大力 王亚南译”。当时黄洛峰看到样本时，他激动地高声喊着：“呵！这部光辉伟大的著作，终于在中国诞生了！”他十分高兴地立即给远在延安的艾思奇写了一封信，告诉他，两年多来多少人为此书付出艰辛劳动，而今它终于问世了，这是件多么令人高兴的事呵！黄洛峰的努力践行了古罗马的谚语：契约是当事人之间的法律。

当预售《资本论》的消息一传出，很多进步学者，作为一大喜事奔走相告，纷纷到读书出版社预定，不少知名人士也有预定，如宋庆龄女士、冯玉祥将军、邵力子先生都预定了《资本论》。《资本论》在中国文化界和知识界产生重要影响，如王术在《三山半落青天外》谈到的：“有一位医生买了一套（《资本论》），郑易里问：‘你们医生也看这种书？’那人风趣地说：‘鲁迅不就是学医学的吗？’还有一位老先生，从长衫到布鞋，看上去像一位旧式人物，来买《资本论》，郑易里后来才知道他就是鲁迅的弟弟周建人先生。”

《资本论》的宣传发行也深入到昆明街头。昆明的读社分社在郑树惠的带领下把门市扩大以后，中间一片空地用从景明号要来的大木箱拼成一个凹字形大书摊，又花钱买了30尺蓝布把大书摊四周围了起来。在北面的墙上帖了三大幅《资本论》出版预告的招贴画，并画上工农兵人像，各人手里用力紧紧握着枪向前方，作出战斗的姿态，这一宣传《资本论》的广告颜色使用得非常鲜艳而富有斗争精神，入夜后，画面在强烈的电灯照耀下格外夺目，吸引着过往的行人，成为当时昆明一个突出的夜间景观，留在了老昆明人的记忆中。

《资本论》运到大后方的昆明出售，对这一历史事件，云南地下党的一些老同志在若干年后仍然记忆犹新，还感到十分的亲切。浦光宗回忆道："还记得抗日初期（1939年），他们（黄洛峰、冯素陶、陈端仪、郑易里）在昆明华山南路开了读书生活出版社的一个门市书店。……书店内已经陈列着《资本论》的第一个全译本，洛峰同志建议我们买一部，我们立即买了一部（三册），现在还完整保存下来。也作为我们之间战斗友谊的一个纪念吧！"

昆明华山南路读书出版社门市

在战火纷飞的岁月，要把《资本论》从上海运到重庆和桂林，是十分艰险的事。《资本论》出书后，第一批2000部，出版社用20大箱运往广州，不幸随着广州沦陷，这批书同广州城一起于战火中全部遭受损失，日本军国主义的枪炮对中国科学和文化进行了野蛮的扼杀和破坏。黄洛峰为损失而痛恨，于是当即致电上海再配1000部绕道广州湾内运。

在安排好往重庆、桂林的运输后，往延安又怎样运输呢？黄洛峰知道通过邮寄肯定会被查扣，于是他早就向中共中央南方局做了汇报，并做了妥善的周密安排。从重庆和桂林，分头直接运送。从重庆送到延安的，是由南方局转运的。在桂林，黄洛峰则安排读书出版社的桂林分社（与新华日报合作开设的门市“读者书店”）同桂林的八路军办事处联系，适逢办事处有卡车往延安运送纸张和印刷器材，就在这辆卡车上，读书出版社的张汉清等几位同志，把几十部《资本论》安置在最便于保护的地方，尽管路途遥远，但这几十部书完好无损地运送到了延安。平时，延安给重庆开列的购书单，特别是毛泽东所要的书籍，都是由读书出版社代办的，这次送往延安的《资本论》，是由黄洛峰主动专送延安的。因为他非常清楚，延安对这部书的渴求，比其他各地都强烈、都迫切。

送往延安的这批《资本论》，其中的一套送到了毛泽东的手上，毛泽东亲自阅读过，并留有笔迹和批注。据为毛泽东整理过图书的逄先知介绍：在延安时期，毛泽东攻读马列著作并留有字迹和批注的，而又保存在他的故居的书籍不多，第一部就是《资本论》，如毛泽东在第一卷扉页上有关出版时间原印的是“中华民国27年8月31日”他在下边写了“1938年”，还写了《资本论》原文版第一次问世是“1867年”，又写着“在71年之后，中国才出版”。到了1954年毛泽东再次阅读《资本论》时，在第一卷目次下又写了：“1867年距今87年了”。毛泽东当年读过的这部《资本论》至今仍保存着。

毛泽东对《资本论》的阅读，还反映在他的著作中，特别是在延安整风运动中，反对王明的“左”倾教条主义的时候。正如他在1941年9月13日写《关于农村调查》一文中说：“认识世界，不是一件容易的事。马克思、恩格斯努力终生，作了许多调查研究工作，才完成了科学的共产主义。”“马克思的《资本论》就是用这种方法写成的，先分析资本主义社会的各部分，然后加以综合，得出资本主义运动的规律来。这里特别要注意的是分析。应该是分析而又综合，就是在第二步骤的分析中，也有小的综合。古人说：文章之道，有开有合。这个说法是对的。苏东坡用‘八面受敌’法研究历史，用‘八面受敌’法研究宋朝，也是对的。”“中

毛泽东写的《关于农村调查》书影

国革命也需要作调查研究工作，首先就要了解中国是个什么东西（中国的过去、现在及将来）。可惜很多同志常是主观主义，自以为是，完全不重视调查研究工作。我们是信奉科学的，不相信神学。所以，我们的调查工作要面向下层，而不是幻想，同时，我们又相信事物是运动的，变化着的，进步着的。因此，我们的调查，也是长期的。"毛泽东的文章十分清楚地告诉我们：无论从方法论，还是从认识论，都是对马克思的《资本论》学习与融会贯通后的科学运用和掌握。

1941年5月，在《改造我们的学习》中毛泽东谈道："应当从客观存在着的实际事物出发，从其中引出规律，作为我们行动的向导。为此目的，就要像马克思所说的详细地占有材料，加以科学的分析和综合的研究。"1942年4月，毛泽东在《整顿党的作风》中谈道："马克思不但参加革命的实际运动，而且进行了革命的理论创造。他从资本主义最单纯的因素——商品开始，周密地研究了资本主义社会的经济结构。商品这个东西，千百万人，天天看它，用它，但是熟视无睹。只有马克思科学地研究了它，他从商品的实际发展中作了巨大的研究工作，从普遍的存在中找出完全科学的理论来。他研究了自然，研究了历史，研究了无产阶级革命，创造了辩证唯物论、历史唯物论和无产阶级革命的理论。这样，马克思就成了一个代表人类最高智慧的最完全的知识分子，他和那些仅有书本知识的人有根本的区别。"毛泽东用自己的语言说明自己对《资本论》的学习和理解。

中华人民共和国成立后，在党的工作重心转到大规模经济建设的时候，1954年，毛泽东又一次阅读《资本论》。1959年10月23日，毛泽东外出前指名要带走的书籍中就有《资本论》。

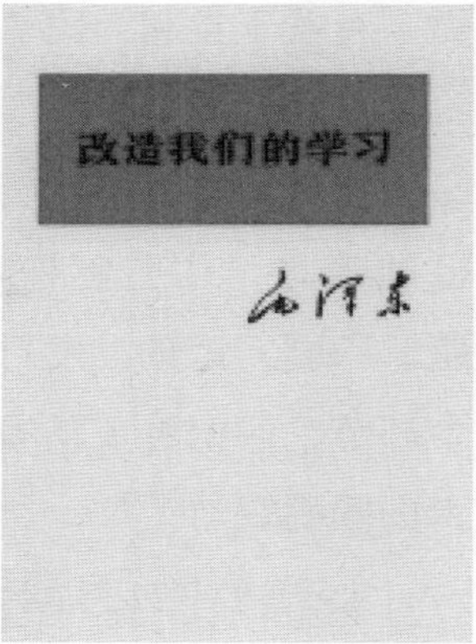

毛泽东写的《改造我们的学习》书影

《资本论》中文版的印数虽然不多，但它的影响和作用是不可低估的。运达延安的这批《资本论》对延安的学习产生重要的影响。1939年延安学习运动中，就组织了《资本论》学习小组，参加者有王首道、王学文、吴亮平、王思华、艾思奇、何锡麟、邓力群等十余人。当时学习小组规定隔周在张闻天住的窑洞里学习讨论半天，从未间断，一直坚持到把《资本论》第一卷的二十五章全部学习完，历时一年有余。每次讨论均由张闻天主持。第一次由张闻天讲学习体会，着重讲了《资本论》为什么从商品、货币讲起的问题。后来讨论则由小组成员轮流作学习各章的中心发言人。

《资本论》是马克思主义者学习的宝书，黄洛峰和他的战友们才甘冒最大的风险，尽最大人力、物力、财力，就算因此被捕坐牢也在所不惜，只要书能出版，发行到读者手里，得到社会和人民的称赞，这就是胜利，就是做了有益于党和人民、有益于国家和民族的大事。《资本论》的出版和发行，成了国民党和共产党双方关注的大事，焦点都集中在《资本论》的发行人黄洛峰身上。他自己的精力，几乎全部贯注在《资本论》上，从译文、出版、印刷、运输、发行一直到达读者之手，每道工序，每个环节，印记着黄洛峰和他的战友们的辛勤劳动和闯关过卡的聪明智慧。

1938年八九月间，因其他交通断绝，黄洛峰决定让郑易里专程携带《资本论》的纸型，由上海经越南海防走滇越铁路到昆明再往重庆出版。当郑易里到达越南海防时，被法国海关人员盘查，打开箱子一看，别无他物，只是一箱纸版，引起海关人员的警觉，不仅扣压了箱子，还要追查持箱子的人。正巧此时遇上刘惠之和乔丕成一起在河内，郑易里找到了他俩，乔丕成法语很好，由他前去交涉，反复沟通后，说是可以不追查持箱子的人了，可是箱子不予还回，说什么必须经过当时国民政府驻越南领事馆的同意方准许领取。在此情况下，郑易里、刘惠之、乔丕成三人来到领事馆，对领事馆人员讲，箱子内无物，只是一本谈商品、做买卖的书型，内容无啥问题，于是领事馆答应派员取回了箱子。郑易里带着大皮箱，乘滇越铁路的小火车到了昆明，与哥哥郑一斋见了一面就匆匆分别了。这位为出版革命和科学书籍投资数万元而没有收回一分钱的哥哥，十分支持弟弟的事业，兄弟情深，他依依不舍地送弟弟上了长途汽车。郑易里经贵阳到重庆，在重庆的读书出版社，郑易里见到了黄洛峰，两位老朋友分外高兴。

中国人是讲感情的，对一切支持和帮助过自己事业和生活的人是始终难以忘却的，对郑氏兄弟给予读书出版社的无私帮助，出版社和黄洛峰是永远铭记在心的，他们用了一种十分朴素的方式表达了这种真挚感谢，所以今天，我们能看到第一版《资本论》书末《译后跋》中印有的两行五十余字："最后，我们应当感谢郑易里先生，他不仅是这个译本出版的促成者和执行者，而且曾细密为这个译本担任校正的工作。"这也许是一种达观、博大的士林风范和情怀，商人中的文化人，文化人中的商人，骨子里终究是一个文化人，一个有卓越远见的士林人物。一个有远见的商人对文化的贡献也许不在当下，而在国家和民族的历史记忆中，细润无声，郑氏兄弟这种一不怕瘪钱袋，二不怕掉脑袋的精神体现了云南人守大德、重大义的大度、达观之气概，这也许能给我们一点启示。

《资本论》在中国的出版和发行，反映出了黄洛峰作为一位杰出的出版家的胆识和魄力，这和那种短视求生和一切向钱看的书刊经营者，形成鲜明的对比。黄洛峰为中国革命出版事业、为传播科学和真理树立起一个榜样，为《资本论》这一引领人类走向科学发展的

读书出版社出版的《恩格斯论"资本论"》等书影

巨著在中国大地的传播立下不朽功勋！

读书出版社在黄洛峰的领导下，为配合《资本论》的普及，先后又出版了《剩余价值学说史》，也分第一、二、三卷，约一百几十万字；恩格斯在《资本论》第三卷序言中，把这部分直接说成为《资本论》的第四卷，这部书仍由郭大力翻译。除此尚有《恩格斯论资本论》《资本论通讯集》《资本论的文学构造》《怎样研究资本论》等相继出版。这些书是学习《资本论》必读的出版物，对阅读和理解《资本论》有很好的帮助。这些原是黄洛峰为实现出版马恩全集的部分书籍和辅助读物，后来虽然没有完全实现计划，但在那种恶劣的条件和环境下，黄洛峰已经尽了最大努力。

读书出版社出版的其他马克思主义著作有《卡尔·马克思》《恩格斯传》《马恩科学的文学论》，列宁的《唯物论与经验批判论》《社会主义与战争》《民族问题大纲》《列宁论战争》以及《列宁传》《论文艺问题》《辩证唯物论与历史唯物论基本问题》（高烈编译一、二、三、四册）《论一元论历史观之发展》《伊里奇的唯物论与经验批判论》《新哲学大纲》《哲学选辑》《西洋哲学史》《唯物辩证法辞典》等等。这些著作的出版，在宣传马列主义方面起了巨大的作用。

有些作品，在当时也许是黯淡的，但一定会有复兴的时刻，到那时它们会以各自的形式，带着人们可以目睹手触的烙印，作为文化遗产重新绽放伟大的光芒。《资本论》中文版及相应的马克思、恩格斯、列宁等读物就是这样一些伟大的作品，这些作品今天依然有坚强的、现实的生命力。

在当下中国社会的转型期，准确认识和把握这一过渡时代的最好的理论分析工具还是马克思主义，不是其他的什么学说。马克思的学说最能解释我们目前的大过渡时代，因为马克思的落脚点是要解释从资本主义到社会主义的过渡，他为了解释资本主义的暂时性，又不得不重点探讨了从农耕社会到工商社会的转型，《资本论》就是代表作之一。

读书出版社出版的《资本论》精装本三卷，平装本三卷五册

按照马克思的说法，资本无孔不入，如果它有百分之百的利润它会干什么，百分之二百的利润它会干什么，百分之三百的利润它会干什么，马克思说资本会灭掉所有的良知，丧失天良，这就是马克思说的资本从来到世间，每一个毛孔都滴着血和肮脏的东西。马克思主义是理论界不可缺少的一个分析工具。

出版《大众哲学》与一代青年

黄洛峰做出版工作始终有一个坚定的信念，就是：作为一个共产党员或在党领导下的工作人员，传播马克思列宁主义真理，是自己神圣的任务，不管在什么恶劣的环境中，工作中无论遇到什么困难，都不容任何的动摇。只要有一线希望，有一点可能，都要想尽一切办法去完成任务。所以他领导下的出版社或者在他领导之下的工作人员，无论你是否是共产党员，这些都是共同的默契和必须遵守的首要信条，他在用人、安排工作时，着重考虑的也是这一条。

由于隐蔽工作的特殊要求，在黄洛峰的公开谈话中，往往不便于提及共产党如何，他只是说我们的时代使命和出版事业的要求如何，这是长期的地下工作形成的智慧、习惯和策略。这位“黄老板”经常用智慧之语，把深邃的思想和严格的政治要求蕴含在平淡和从容的交谈中。

对中国社会了解的黄洛峰，知道社会和青年人需要什么样的书。读书出版社的一项重要任务，就是面向具有初等文化程度正在求索中前进的青年，从刊物初创，到成批书籍的出版，对通俗化著作一直进行编写组稿工作，这是应广大读者需求而必须承担的社会任务。

《读书生活》书影

他积极出版《大众哲学》。艾思奇对马克思主义哲学通俗化，作了可贵的偿试，他在编辑《读书生活》杂志时，就分篇连载了他的《哲学讲话》，由于受到了读者的热烈欢迎，于1936年1月开始汇集成书，以“读书生活出版社”名义出版，实际上“读书生活出版社”正是在这本书的基础上发展起来的。

读书出版社出版的第一本书《哲学讲话》

《哲学讲话》的出版、发行，引起了广大读者特别是青年的强烈反映，同时也引起了国民党文化检查官员的恼怒和仇视，很快地就把这本书查禁了。在文化和科学的传播过程中，在同反动和落后势力的斗争中黄洛峰不断思考，也给他增长了智慧。有对进步书籍的查禁，也就有进步人士的反对和突破查禁。1936年6月《哲学讲话》出版第四版时，他和艾思奇商量，把书名改为《大众哲学》继续出版，这一改动，更加鲜明地将其归入大众喜爱的通俗读物。

《大众哲学》受到公众热烈欢迎，开创了把马克思主义哲学在中国通俗化、大众化的先河。成为读书出版社的畅销书，而且成为各地同行争着推销的热门货，从上海到武汉再到重庆，《大众哲学》“活跃”于书业和门市。黄洛峰一再安排出版、印刷、邮购、批发、门市各个业务部门，要把《大众哲学》发行到中国各个角落，要想尽一切办

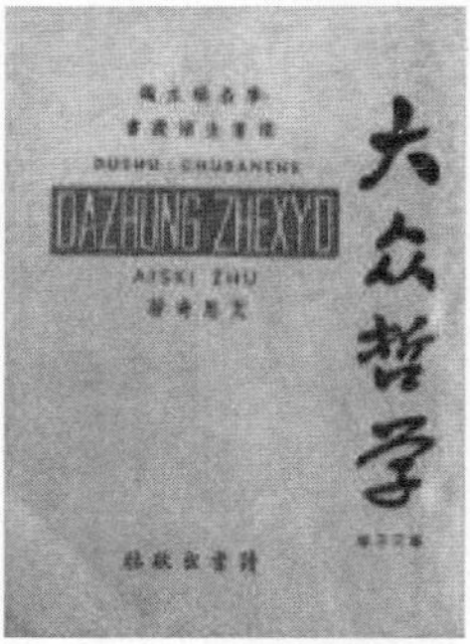

读书出版社出版的《大众哲学》

法，使各种渠道畅通无阻，以公开和秘密相互配合，用合法形式掩护，满足读者的要求。

一本书的被查禁，本来是按照当局的命令去消除所谓“危险思想”的传播和影响，可是在黄洛峰这里，却变成了不见于报刊的“口头广告”了。他自己向人说，也告诉所有工作人员这样说，凡是上门来的读者和推销的同业，只要是来要《大众哲学》的就公开宣布：“被政府查禁了！”若问为什么？回答：“不知道！”凡是得到这一消息的读者，反而通过各种方式，都要把书买到手，而且倍加珍惜，更加秘密地流传着。同行的批发数量和次数，不是减少，相反地大大增加了。越禁销量越旺，畅销不衰。从1936年到1948年的12年时间里，在国民党统治区，在屡屡遭查禁，处处遇围剿的情况下，《大众哲学》共发行了33版。这是中国文化出版史，甚至是世界文化出版史上的一个奇迹。

生活中有的事是很滑稽的，就如同戏剧和故事。有一次，一个到读书出版社门市部的国民党文化查书官员，无可奈何地说：“就这么一本书，弄得这些青年神魂颠倒，搞得我们坐卧不安，毫无办法！”

一个年纪稍小点的店员率真地问：“你们为什么要查禁这本书？”

查书官员：“上边叫查禁的，而我并没看过它！你说说它写的是什么？”

店员：“真怪，没有看过就来查禁此书，我倒看过，讲了孙猴子会七十二变，变了一座庙，别的庙旗杆在前头，他的旗杆却在后头，原来是猴子尾巴！我觉得很好玩，这也查禁？”

查书官员：“噢？！你拿来我看看！”

店员：“你们查禁了，怎么还会有呢？！”

查书官员：“你这个小伙计，比孙猴子还会变！”

查书官员只好回去交差了事。黄洛峰知道这番机智的周旋后，放声大笑道：“对！我们个个都是孙悟空，变得他们晕头转向，就是不能落在如来佛的手心里！”

黄洛峰在做发行工作的同时，也为《大众哲学》做封面题字，他的整个设计朴素典雅大方，简约不简单，没有过多花哨的东西，给广大读者和书业界留下极为深刻的印象。但凡人们提起《大众哲学》，就往往连同作者和出版发行者一起为人们所敬佩，因为书和人都成为一代青年前进的纽带和桥梁。

为表示《大众哲学》这本书对读书出版社所创造的辉煌业绩，及作者从来不要分文稿费，不收版税，全部所得奉献给了进步的出版事业这种无私和高尚的行为的感谢，黄洛峰代表读书出版社专门购买了一块进口欧米茄手表，准备托博古同志带给远在延安的艾思奇作纪念。没能料到，1946年4月8日下午，出席重庆国共谈判与政治协商会议的中共代表所乘飞机在山西省兴县的黑茶山遇浓雾失事，机上人员全部罹难。这块手表没能送到艾思奇处，是读书出版社的一件憾事，成为读书出版社同仁及中国文化史上人们的珍贵回忆。

黄洛峰作为一名经理，有着坚定的出版意向，在他心中，作为一个进步出版社，要给自己的读者有益的精神食粮，使其在书刊的陶冶中健康向上，走向人生的理想，建立科学的世界观，以及给迷茫的青年以正确的导向，出版工作者的责任也就在于此。

在武汉做滇军工作

1937年9月，中共中央派董必武到武汉开展统战工作，恢复和发展武汉及相邻地区党的组织，并着手筹备八路军驻武汉办事处。10月，武汉八路军办事处正式成立。12月中旬，从南京撤退到武汉的南京八路军办事处和武汉八路军办事处合并，机构和人员得到充实。

为了促进以国共两党合作为基础的抗日民族统一战线，促进国民党及其军队的抗战，领导和加快国民党统治区人民群众的抗日救亡运动，中共中央决定派出代表团到武汉进一步加强国共两党合作的谈判，广泛开展统战工作。罗炳辉于1937年12月到达武汉八路军办事处，以八路军副参谋长的名义开展统战工作，并担任统战组组长、招生委员会副主任。

1937年11月初，黄洛峰到达武汉。读书出版社在汉口书店比较集中的交通路租得了会文堂书局二楼的一个大房间作为办公室，在此开始新的营业。

汉口读书生活出版社工作人员，左起：刘田坤、孙家林、汪锡榛（晓光）、欧阳章、刘少卿（耀新）、郑权（树惠）、赵子诚（刘大明）、黄洛峰、范用、陆量才（家瑞）

在把读书出版社的工作安顿好后，有较强组织观念的黄洛峰对如何开展读书出版社的工作，希望得到党组织的指导，就主动到设在武汉日本租界128号街的原大石洋行大楼八路军武汉办事处找云南同乡罗炳辉，向罗炳辉提出要求恢复党的组织关系的问题。在罗炳辉、叶剑英的帮助下，黄洛峰的党组织关系得到解决。1938年3月由何伟单线联系，以后又决定由长江局凯丰联系，虽然在战争环境下，此时的黄洛峰精神很愉快，感到全身增添了新的力量。

读书出版社还是一个重要的联络站，担负了许多鲜为人知的联络工作。多年以后，范用回忆到：“那时候，许多文化人经常来读社。作家舒群、周立波在读社

在汉口读书生活出版社工作人员 前排左起：赵子诚、陆量才、范用、刘少卿、汪锡椽。后排左起：孙家林、黄洛峰、欧阳章、刘田坤、郑权。

搭伙。好多位从延安出来，或者去延安的同志，在这里出没，读社好像是中转站。他们很喜欢我这个小鬼。罗炳辉将军几乎天天来，他一来就要我放下工作，陪他玩。桂涛声（大家叫他阿桂）寄住在读社，他创作的《歌八百壮士》《太行山上》《做棉衣》等歌词，由冼星海谱曲，先要我和子诚唱给他听。”

由于经营着读书出版社，黄洛峰在国统区的知名度很高，许多云南同乡到了武汉都喜欢来找他。有的是有困难请求帮助，有的是到他这里来打听同乡或亲友的消息，也有的是失去组织联系的党员，想通过他寻找组织关系。无论是什么情况，黄洛峰都急人所急、乐于助人，重然诺、守诚信，他那里常常聚集着众多的云南同乡和作

周恩来（左三）与王明（左二）吴玉章（左一）罗炳辉（左四）于武汉八路军办事处合影

家、商人。由于黄洛峰的特殊身份，党组织安排他做武汉滇军的统战工作。

抗战期间，滇军派出60军开赴抗日前线，60军是云南各族子弟为抗日而新编成的队伍，骨干均是昔日滇军老底子，军长为卢汉。60军在开往淞沪战场的途中，听到上海已经于11月12日失陷的消息，又奉命转赴南京。然而，还在行军途中，又得知南京已于12月13日沦陷的消息，于是奉命再次改往武汉，编入武汉卫戍部队战斗序列。

叶剑英、罗炳辉向黄洛峰部署，以云南同乡的身份，去做滇军的统战工作。黄洛峰非常愉快地接受了这一秘密和特殊的任务。黄洛峰虽然没有在军队工作的经验，此前也仅有在族叔黄绶绅的军队中参加过修筑国防工事的经历，但云南人是很念乡谊之情的，况且参加军队工作的青年异常踊跃，反抗外敌入侵，打击侵略者，报效祖国，这是非常光荣和崇高的事业。做青年的宣传工作这也是出版工作一再宣传和强调的一项内容，在读书出版社内黄洛峰就始终领着一群年轻人，他对青年的思想动向是熟悉和了解的。

由于做滇军统战工作是谨慎、秘密进行的，黄洛峰从不向他人谈及，很少有人知道详情，今天，我们也只能从涉及的当事人的若干碎片式回忆中，了解到一些细节和片断，还原一个历史的概貌。

1937年冬天，蒋南生从参加武昌青年救国会工作的何继登处得知："云南抗日部队到达江西，一位领导人到汉口来找共产党，要求派人去帮助工作，问我去不去？他说这是我上前线打敌人的机会，部队是云南人，有乡土关系，容易开展工作，这一次使我下了到前线去的决心，我表示同意，他叫我到汉口读书生活出版社找黄洛峰。”“我认识洛峰是1934年前后，在北平我读燕京大学，为了编辑云南旅平学会的会刊，我们经常碰头，讨论稿件，决定取舍，他在进步思想方面的造诣是我望尘莫及的，我常常从他的见解中获得启发。”当谈到江西的滇军时，蒋南生说：“洛峰为我讲述了云南部队184师师长张冲的政治倾向，他自大革命以来就和共产党接近并支援过党的事业，现在的政训处长张致中同志就是张冲从监狱里营救出来的老省委同志。他认为只有接受共产党领导并采取八路军的政治、军事工作的原则及方法方式，才能保证他的部队的政治素质及战斗的胜利，所以他希望和共产党、八路军取得联系。现在，184师驻在江西南浔路上的德安县，张师长派张致中到汉口就是为了实现这一打算。张致中和洛峰是大革命期间就认识的，洛峰当然是完成张师长要求的最适当的人。”

1937年在汉口，黄洛峰（左4）与读书出版社同仁合影

黄洛峰向蒋南生分析了云南部队的情况。首先，这是一支地方武装，有一定的独立性，国民

党的党化工作不易渗入，特别是战士和中下级军官，都来自云南农村，思想单纯，作风质朴，正义感强，又英勇善战，对共产党一致抗日的口号是能够接受的。另一方面，文化水平和政治觉悟较低，亟待加强思想政治工作，所以是大有可为的。

蒋南生接受了黄洛峰的意见，决定到184师去。在当天晚上，黄洛峰就带蒋南生去一家旅馆会见了张致中，后两人一起去了江西。

张永和又名张致中。青年时代，张永和在北京亲历了五四运动，后来是为云南建党打下思想和组织基础的云南旅外革命组织新滇社上海分部的负责人，大革命时期，张永和于1924年在南洋大学（现上海交通大学）加入共青团，1925年加入中国共产党，是上海交大最早的中共党员、第一任团支部书记、第一任中共党支部书记。1925年，张永和当选为上海学联执行委员会主任，参与组织发动“五卅运动”。同年 8 月，受全国学联和上海学联派遣，回云南宣传“五卅惨案”真相，发展了云南青年努力会负责人李国柱、吴澄、陈祖武、严英俊等人加入共青团，创建了云南第一个共青团组织——共青团云南特别支部，为1926年中国共产党组织在云南的创建奠定了基础。

张永和从云南返回上海后，先后担任中共上海法南区、沪东区、沪西区、沪中区部委书记。1927年 2 月，张永和当选为中共江浙区委（即上海区委）执行委员，在周恩来、罗亦农直接领导下负责组织领导上海沪东区工人参加上海第三次武装起义。3月21日，张永和按上海区委书记罗亦农的指示，发出总罢工令，组织上海沪东区10万工人罢工，随即按中央指示转为武装斗争，以工人纠察队为先导，向闸北的警察所、警察署及军阀驻军进攻。在中共中央和上海区委的领导下，上海工人以鲜血和生命为代价占领了上海，第三次武装起义取得成功。张永和作为上海工人最集中的沪东区的负责人，为上海工人第三次武装起义的成功，做出了重要贡献。

蒋介石发动“四一二”反革命政变后，1927年9月，张永和调任党中央机关宣传部秘书。1928年2月任中共江苏省委委员。同年4月，中央派遣刘平楷、张永和、余泽鸿到湖北恢复被破坏的党组织，以刘平楷为书记、张永和为常委兼组织部长、余泽鸿为常委兼宣传部长，组成中共湖北省委。他们为湖北党组织的恢复，做了许多卓有成效的工作，到这年10月，全省党员已有6455人。11月，由于中共武昌市委书记被捕叛变，省委机关再次遭受破坏，

张永和

张永和被迫转移回上海。1929年初，根据云南党组织负责人王德三的多次请求，周恩来代表中央指派张永和回云南参加省委工作，回滇后的张永和曾任中共云南临时省委书记、常委，中共迤南地区特委书记等职。在此期间，应张永和的同乡，自幼熟识的滇军师长张冲的邀

请，经省委研究同意，张永和到该部任张冲的秘书，对张冲开展革命宣传和统战工作，为以后张冲投身革命打下了基础。

1930年，因叛徒出卖，云南地下省委遭破坏，省委书记王德三等人先后被捕。4月初，张永和到上海向中央汇报工作后带着中央的指示回到昆明，5月4日，在昆明被国民党特务逮捕。张冲得知消息后全力营救，张永和因之免于一死，被判刑3年，1932年又经张冲担保，提前一年获释出狱。

张永和出狱后，在张冲部任文书，与张冲筹划泸西海门洞水利工程和一平浪盐矿工作，同时积极找党，秘密开展革命工作。1935年11月，云南党组织恢复重建后，中共云南临时工委恢复了与张永和的组织联系，张永和为党组织提供经费。1937年，经党组织同意，张永和到张冲任师长的滇军184师任政治部主任，随军开赴山东、湖北抗日前线。其间，张冲利用张永和与共产党的关系，秘密派他去武汉通过黄洛峰与八路军办事处联系，安排张冲与叶剑英、罗炳辉见面，并要求派进步青年到184师工作。后来经周恩来、董必武同意先后派了一些党员到184师工作，建立了184师地下党支部，在滇军中开展了大量的工作，为解放战争时期滇军在东北的起义奠定了基础。这就是黄洛峰与蒋南生谈话的历史背景。

黄洛峰不仅为安排共产党人到184师工作尽力，而且还安排了党的领导人和张冲会面。徐州会战，滇军部队

张冲师长

到了武汉，张冲到汉口的德国医院治病，有一天，黄洛峰陪着周恩来、叶剑英、罗炳辉一齐来到张冲病房，与张冲师长做了长时间的会谈，这次会谈安排得很巧妙，中共领导人与张冲的会谈很成功。

1938年6月，蒋南生一行从徐州会战中突围出来，到达汉口。一行人就住在读书出版社在汉口的楼上，黄洛峰把他们安顿在自己的卧室中，就着卧室，黄洛峰主持召开了一次支部大会，参加会议的有黄洛峰、张致中、张天虚、周时英、薛子正、蒋南生，还有从延安来的张子斋。大家在听完蒋南生的工作情况报告后，黄洛峰平和的谈了自己的看法，我们开展政治教育、纪律教育、战场鼓动、战地通讯等工作，鼓舞了士气，赢得战斗的胜利，特别是突围的胜利这些都是取得的成绩，很不错，应当得到肯定。但我们也应该看到问题的另外一个方面，就是我们的工作有“左”的倾向，具体是只注重士兵而忽视军官，发展下层，忽略上层。旧军队封建作风浓厚，还必须注意到军官思想上的进步，抗日意识的提高，逐步走向民主，做到官兵一致，军民一致，我们的工作才能开展，否则，进步的士兵，落后的军官，对工作不利。为了更广泛、更全面地提高抗日情绪及政治觉悟，应该采取活泼、多样、形象化的工作形式，容易为群众接受。黄洛峰还建议约请当时在武汉地区活动的演剧队到部队去演出，这样既进行了教育又丰富了文娱生活。经过此次会议大家的心结解开了，又投入到做滇军的工作中。

这次会议后，蒋南生等找了演剧队到部队驻地演出，效果很好，184师张冲师长决定成立自己的演剧队，指定蒋南生负责组织，在黄洛峰的帮助下，组成了184师随军工作队，其中就有程浩飞，这直接影响到了184师在解放战争中，发动了著名的震惊中外的海城起义。推源溯始，滇军在解放战争中的起义和黄洛峰在滇军中的工作是分不开的。

有播种和耕耘，就有收获。在黄洛峰的革命生涯中，在武汉联系滇军这件事是中共党史、军史上的重要历史事件，是党领导下统一战线工作的一个成功典范。工作始于抗日战争时期，结果呈现在解放战争时期，其历史作用在解放战争中得到检验。对于滇军同中国共产党的联系，据《周恩来年谱》记载：2月下旬（即1938年）“在武汉期间，还曾会见滇军第185师（实为184师）师长张冲，并派中共党员薛子正任张冲的秘书，后任参谋长，开展对滇军的工作，以后张冲秘密参加中国共产党。这些工作对解放战争后期，滇军将领的起义起了重要作用。”这里所说的“滇军185师”经史实查证，系滇军184师，应当予以更正。黄洛峰从武汉时起，同滇军之间的联系一直没有断过，特别是同滇军中的一些中高级军官之间的友谊，始终是密切的。可是他对别人却一直保密，守口如瓶，牢记组织要求，说他们只不过是自己的同乡或同学，到一块聊聊乡情、叙叙旧谊而已。在黄洛峰周围的其他人员中，很少有人知道他这段特殊使命。

发行《群众》和其他杂志

1937年12月11日，中国共产党的《群众》周刊在汉口创刊，由读书出版社总经销，这是中国共产党在国民党区域内出版的第一个公开刊物，它的问世，震动了整个中国文化界。

1938年1月11日，中国共产党在国民党区域内的公开报纸《新华日报》在汉口创刊。2月6日，国民政府军事委员会政治部成立，部长为陈诚、副部长周恩来、黄其翔，郭沫若为第三厅厅长。3月14日，“中华全国文艺抗敌协会”开幕，27日闭幕，选出郭沫若、茅盾、老舍等为理事，周恩来、孙科、陈立夫为名誉理事。由抗敌协会出版的《抗战文

群衆
週刊

《群众》周刊

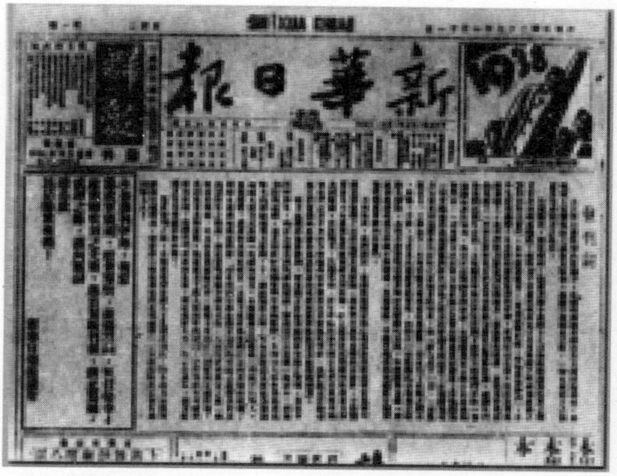
新華日報

1938年1月11日，《新华日报》在武汉创刊

艺》三日刊，委托读书出版社发行，读书出版社同时发行杨述主编的《战时青年》半月刊，张申府主编的《战时文化》半月刊，章泯、葛一虹主编的《新演剧》半月刊。五种刊物的发行，使黄洛峰和所有工作人员，都像前线的战士一样紧张地战斗着，白天是为了工作而忙碌，晚上是学习讨论，接待来来往往的朋友。4月7日，武汉成立了“中华民族解放先锋总队”，黄洛峰动员了工作人员中的青年人参加了党领导的这一外围组织。工作异常紧张而辛苦，但是生活环境和精神状况却是充满歌声和欢乐的，真的是“人不分男女老少，地不分东西南北”，团结一致抗战的大好形势。

黄洛峰在这个时期，处在兴奋之中，经常在进步文化、出版界中参加一些活动，在会议上和报刊上，几乎每天都可以读到给人以启发和教育的文章和消息。周恩来于

中華全國文藝界抗敵協會會報

抗戰文藝

1

創刊號

1938 年 5 月 4 日在汉口创刊的《抗战文艺》，为中华全国文艺界抗敌协会会刊

新演劇

《新演剧》（第三期）

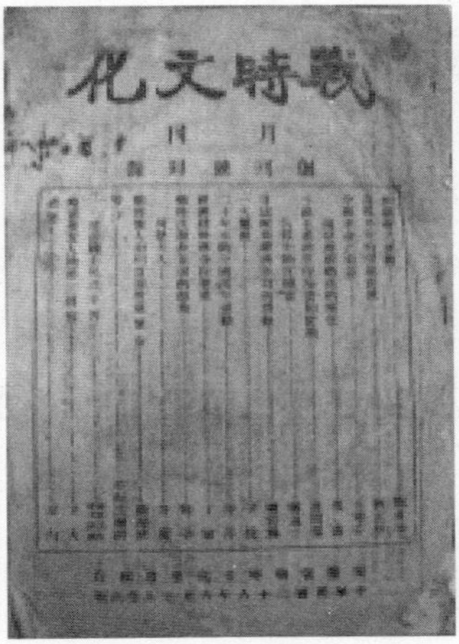

戰時文化

月刊

創刊號

《战时文化》

《战时青年》画报

1月8日发表了《怎样进行持久战》一文，黄洛峰组织工作人员学习和讨论，他还用周恩来鼓励“孩子剧团”的要有“救国、革命、创造”的精神来鼓励社内的工作人员，并把“一手打倒日本强盗，一手创造新中国”的口号，当作推动自己工作的动力。

7月，日军已经逼近武汉，为形势所迫，读书出版社不得不做出撤离武汉的决定。黄洛峰最后离开武汉已是10月下旬了，当他搭上船时，面对滚滚长江，感叹不已！别了武汉！别了黄鹤楼！黄洛峰的心情正如李商隐在《无题》中所写：

万里风波一叶舟，忆归初罢更夷犹。
碧江地没元相引，黄鹤沙边亦少留。
益德冤魂终报主，阿童高义镇横秋。
人生岂得长无谓，怀古思乡共白头。

五 重庆八年

然诺重，君须记！高情远致的黄洛峰用一生践行了对一个老人的承诺，成就了一个文化名人。八年抗战岁月，他向智者学习、向先贤请教，团结社会进步力量，成为新出版事业的组织者。在普通人眼中他是书店的一个老板，但这个老板眼界宽、有思想，思路宽、有办法，胸襟宽、有正气。他是中国共产党秘密红色驿站的负责人，他守纪律、懂规矩，他在隐蔽战线的故事只能在历史碎片中寻到一点痕迹。

走向大西南

在长江逆水而上的江轮上，黄洛峰在宜昌得知了新华日报社的一批撤离人员遭日军飞机轰炸而牺牲的不幸消息，这些牺牲的同志中有几位还很熟悉。在长江的波涛中，他反复念叨着血染长江的同志的名字，心头蒙着阴霾，进入了三峡。此时的他无心观赏三峡风光，眼望着祖国的大好河山，在日本侵略者的炮火下，变得破落零乱的悲惨境地！他感叹，滚滚长江天际流，大江东流去，世世代代奔腾不息的长江标志着有五千年文化的中华民族，怎么能容忍日寇的如此凌辱，有谁相信这样的民族，会在屠刀下被亡国灭种呢?

1938年11月，黄洛峰到达雾都重庆，分批入川的读书出版社其他成员也都陆续到达重庆。重庆是大西南的重镇，随着国民政府迁都重庆，重庆成为抗战时期中国的政治、经济、文化中心。1939年1月成立的中共中央南方局所在地也在重庆，周恩来、博古、凯丰、吴克坚、叶剑英、董必武为中共中央南方局常委，周恩来为书记。从1939年至1946年，中国共产党和中国国民党的谈判都在重庆，重庆自然就成为全国人民和全世界关注的地方。

黄洛峰在撤离武汉前，党的组织关系就由何伟转给凯丰单线领导，到了重庆后，凯丰又将他的关系转给了徐冰。黄洛峰在重庆8年，都由中共中央南方局文委徐冰直接联系。黄洛峰在读书出版社内或三联书店内，不发生横向的联系，这对于贯彻党的隐蔽精干的方针，避免遭到更大的破坏是非常必要的，但对领导公开的革命进步书店，却增加了很大的难度。其中的艰难黄洛峰深有体会的，他经常默默地对自己说：这是党组织安排的一个特殊的锻炼岗位。读书出版社是个公开的合法机构，自己是总经理可以利用合法身份进行公开的斗争；同时，自己又是秘密共产党员，在白区里要宣传党的方针政策，怎么样把公开的同隐蔽的巧妙地结合起来，采用什么方式，怎样才能取得胜利，怎样使革命出版事业得到发展？这是个值得研究的重要问题，也是一门斗争艺术和哲学，是一种较为特殊的隐蔽战线工作，是集智慧和毅力的特殊考验。

在中共中央南方局的领导下，黄洛峰在具有丰富斗争经验的周恩来、叶剑英、董必武等指挥下，卓有成效地完成了中共中央南方局交给他的每一项任务，又富有创造性的发展了他直接领导的革命出版事业。在他的一生中，重庆八年，是他最为活跃的时光之一。

读书出版社和生活书店、新知书店三家都在重庆民生路冉家巷相邻，读书出版社的总管理处就设在冉家巷13号，这也是黄洛峰的住处。他的住处是文化、艺术界朋友们聚会的一个据点，也是传达党的指示或交换信息的秘密联络点，云南地下党的同志来重庆办事，黄洛峰那里是必到之处。读书出版社与新华日报营业部相距只有几米，与新知书店是斜对门，这样相互之间可以随时取得联系，互相照顾。

然诺重千秋

范用是从武汉进店的小伙子,他大部分时间都在黄洛峰的带领下工作，相互间保持了良好的友谊。1937年10月，家里独苗的范用，带着外婆给的8块钱，到汉口找舅公。范用的舅公是会文堂书局汉口分局的经理。读书出版社到汉口，就租用会文堂书局二楼办公。读书出版社当时的工作人员有六七个人，黄洛峰、万国均、孙家林三位年纪稍长，其他几位都是小青年。范用每天一吃完饭，就一头扎进读书生活出版社，如范用自己所说的这里太好“玩”，非常自由，充满欢乐气氛。

读社的人待范用都很好，刘大明、陆家瑞对范用尤其热情。第二年春天，范用的舅公病故，舅婆回浙江，行前把范用托付给了黄洛峰。

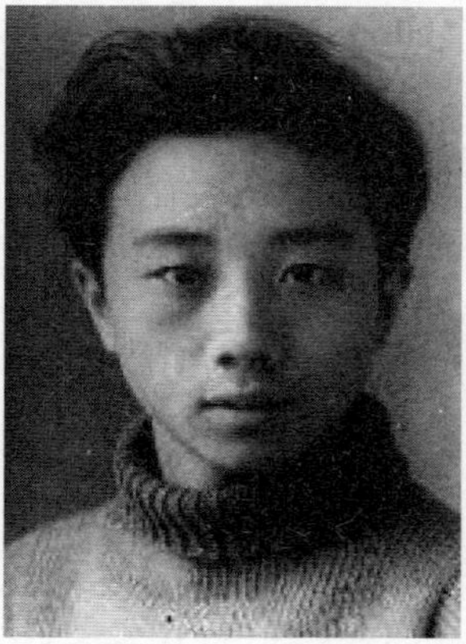

20世纪30年代末，在读书生活出版社工作的范用

我们这个民族重然诺，“其言必信，其行必果，已诺必诚，不爱其躯，赴士之厄困。”受中国传统文化教育和熏陶黄洛峰，践行着士的风范，他是民国时期侠士中的一员，同时也是在艰难困苦中奋斗求生的人。受人之

托，重于泰山。他清楚自己的责任，坚定地担当起了对范家的承诺——一定带好范用。这以后，黄洛峰用毕生的精力，履行了对范用家人的然诺。

黄洛峰走南闯北都带着范用，在读书出版社无论生活多么困难、时局多么艰险，都不改初衷，不忘然诺，这就是中国传统士的然诺重千秋的精神。如孟子所说："故士穷不失义，达不离道。穷不失义，故士得己焉；达不离道，故民不失望焉。得志，泽加于民；不得志，修身见于世。穷则独善其身，达则兼善天下。"就这样，范用就留了下来。

范用起初在读书出版社当练习生，工作就是收发，登记来信，跑邮局，给订户寄发党的公开刊物《群众》周刊。黄洛峰带着范用，想到了孩子的将来，所以对范用提出要求："在出版社工作，要把字写好。"这一简单朴实的要求引导一个青年走向了一条希望成才之路。黄洛峰用印书的白报纸纸边钉了个本子，叫范用练习写字。后读社从武汉向重庆转移时，黄洛峰又带着范用到了重庆，1939年赵子诚介绍范用加入中国共产党，发展党员的名单是黄洛峰和陈楚云在武汉时就商定好的，他不仅关心范用的学习也关心范用思想上的成长和进步。

黄洛峰还鼓励范用和年轻人练笔学习写文章，办油印刊物《社务通讯》，范用和赵子诚（刘大明）、刘耀南（少卿）下班以后通宵达旦刻印。在黄洛峰的支持下，《社务通讯》一共出了三十几期，至今已经成为三联也是我党文化工作的重要文物了。范用一直跟随黄洛峰从事出版工作，辗转于武汉、桂林、重庆等地。

黄洛峰士的精神和言传身教影响着范用。1944年夏秋，范用路过柳州，听说有一批桂林撤退出来的文化人住在柳州中学，就去探望，看到艾芜、周钢鸣、韩北屏等作家，大多是一家人携儿带女，不少人病了。范用离开桂林时，将存纸全部卖了，换成了钱带在身上，看到这种情况，范用就把钱分给了几位作家。范用不知道这样做回到重庆如何向社里交代？会不会受批评？心里面很是没有把握。到达重庆后，范用把接受款项的人员名单交给了黄洛峰，黄洛峰看了说："你做得对！"至此，范用心上的石头才落了地，也看得出黄洛峰是很欣赏范用的，黄洛峰达观大度的精神影响了范用。1976年，范用去成都拜访艾芜时，艾芜还提起此事。艾芜在一封信里又提到这件事："我们忘不了，日寇侵略我们的祖国，逃到了柳州，在困难时候，您给我们的帮助。"其实，在黄洛峰的领导下，读书出版社对于生活困难的作家、老朋友向来都是尽可能地给予帮助的。

黄洛峰还关心范用成家的事。1943年，范用和丁仙宝结婚，读书出版社为他们小两口操办了喜事，在条件有限的情况下，让店里的烧饭阿姨做了几道可口的菜，和全店同志还有几个老朋友一起高高兴兴吃了一顿饭。在范用有了孩子后，在重庆时，看到孩子奶水不够，黄洛峰就嘱咐社里给孩子订磅牛奶，又通知厨房，丁仙宝在中午可吃两份菜。1946年4月在写给被派遣到华北工作的刘大明的信中，黄洛峰写道："用宝（范用、丁仙宝）有了一个小宝宝，很可爱，他们下月即离此去沪。"短短数语，细数家事，大爱无声，永驻人心！这就是职工在黄洛峰心中的地位。

范用入党后的一天，由陈楚云带着到七星岗附近的一个小楼房里听凯丰同志作报告，听报告者不到10个人，其中就有胡绳、赵冬垠两人。徐冰每次来出版社，先同总经理黄洛峰谈工作，然后就到范用住的三楼小阁楼谈谈工作，谈完之后，他总要抓紧时间对范用讲讲国内外形势，最后还要问一下范用最近读了些什么书。以后，徐冰送了延安中国现代史研究会编辑《中国现代革命运动史》和范文澜的《中国近代史》《中国通史简编》等给范用等一批年轻人。

1950年2月6日，黄洛峰送了一套精装本《鲁迅全集》，共20卷给范用，因为，那时候年轻的范用买不起这部书，黄洛峰在书前题词：

> 横眉冷对美帝指，俯首甘为人民牛。鲁翁名诗，际此中国人民胜利之日，实有偷偷改窜一二个字眼之必要，近以全集赠鹤镛同志，即以此求正。
>
> 黄洛峰

范用（右1）在鲁迅墓前

深厚情谊，尽在其间。

在“文化大革命”期间，人与人之间不敢往来，但黄洛峰不顾一切，还是前往看望了挨批斗病倒在床上的范用，给予了范用极大关怀、支持和信任，他坚信，这位从少年时代起就跟随自己的范用是个好同志，是经历过各种考验的，是忠诚于党的事业的，历史会有公正评说。20世纪80年代后的发展历史，证实了黄洛峰判断的准确性，从历史中走来的人，让新的历史说明了一切。

黄洛峰不仅带好范用，还放手让他在出版工作实践中锻炼成长，最终青出于蓝胜于蓝。范用先后担任读书出版社桂林、重庆分社经理，新中国成立后任人民出版社副社长、副总编辑兼生活·读书·新知三联书店总经理。后来成为了中国著名的出版家，倡导创办了《新华文摘》，主持创办了《读书》杂志。

黄洛峰的士林风范精神也深深地影响到范用，范用继承了读社的优良传统精神。在读书出版社时，黄洛峰办书刊多，与作家、出版家和社会各界朋友接触多，范用也继承了这种好传统，有“三多先生”之称，“书多、酒多、朋友多”。夏衍曾经说：“范用哪里是在开书店啊，他是在交朋友。”没人会否认这是个热爱生活的老头儿。因为爱书，因为爱做书，范用生前几乎所有的时间都跟他的朋友们在一起。他是最早出版中国最好作家作品的出版家之一，他住过的东总布胡同的小院子，曾是他从事出版工作时和好朋友们精神沟通的“交通枢纽”，汪曾祺、杨宪益、丁聪、叶浅予、黄永玉、黄苗子、郁风、罗孚、冯亦代、黄宗江、黄宗英、许觉民……范用的朋友当然也包括王蒙、张洁、李黎等年轻一点或更年轻的朋友。当年范用出版《随想录》一字未删，被巴金称为“是你们用辉煌的灯把我这部多灾多难的小著引进‘文明’书市”。他被朋友们笑称为“最爱美的出版家”，老年的范用喜欢在天冷时头顶深色贝雷帽，穿红色毛衣，戴红色围巾，一副黑框眼镜显出“范用式”的书卷气，走路飞快，笑容可爱。范用策划出版了巴金的《随想录》、陈白尘的《牛棚日记》等经典图书。早在傅聪还不敢踏上祖国大地的时候，范用就开始为《傅雷家书》的出版而奔波了，范用读完《傅雷家书》底稿时感慨：“竟有这样为儿子写信的父亲。我们应

1979年，陈翰伯、范用、陈原、倪子明、史枚、冯亦代等知名的老一代出版家和文化人所创办的《读书》杂志创刊

范 用

该让天下的人都想想，应该怎样做父亲、怎样做儿子！”由于长时间在三联书店担任总经理，京城文化圈内的老人尊其为“范老板”。

“范老板”不是大作家，虽然身为三联出版社总经理，有近水楼台之便，一生却仅留下寥寥几部集子——《我爱穆源》《泥土脚印》《泥土脚印（续编）》等。范用堪称编辑家、出版家这是毋庸置疑的，不过据悉其16岁时在重庆，曾在端木蕻良指导下写过小说，故而端木先生曾赠范用诗云：“文坛失落一支笔，枣林凭君作渡船。”

在黄洛峰领导下的读书出版社，让年轻人有充分施展才能的机会。范用进入读书生活出版社做练习生时，就开始设计封面了。那时他只有15岁，经常被派去艺术家（如胡考、丰子恺）那里“跑”封面。有时候要得急，艺术家就当着他的面赶画，他看得津津有味，回去就偷偷学着设计起来。一次，黄洛峰看到了，给予称赞，这给了他极大鼓励，以后读社的书有的封面黄洛峰就叫他设计。他设计的第一个封面是《抗战小学教育》。1948年范用在上海，三联书店的二线单位骆驼书店出版一批外国文学名著，许多封面都由他设计（那时书店人员极少，其实连编辑校对工作他也做了不少）。雨果《巴黎圣母院》封面的字是请黄炎培先生题写的，高尔斯华绥《有产者》封面的字是从碑帖中集的。1949年9月范用被调到北京工作，1951年三联书店并入成立不久的人民出版社，在社内保留一个三联编辑部。范用任副社长后，就主动要求分管三联编辑部。他还分管出版社的美术组，美编设计了封面，都要经他终审才能发稿。

20世纪八九十年代，三联书店大量出版人文社科类图书，在全国造成深远影响，这也是范用设计封面最多的年代。他那富有书卷气、简洁朴素、高雅大方、巧妙多变、极有个性的设计风格同样影响深远。三联的书籍设计风格就是在此时形成的。

“三联书店在中国出版界的历史上有特殊的地位。什么特殊的地位？就是站在时代的前面，推动国家往前走，这是一个了不起的工作。” 这是106岁的语言文字学家周有光老先生对三联书店创建80周年纪念庆典的寄语。这家历史悠久的出版社以其深厚的历史传统和强烈的人文精神，走过了八十多年的风雨历程。

读书出版社同志们的工作和学习情况就如同范用的情况一样，发挥各自特长。不同的是，黄洛峰还要带领一班人，还要挤出时间和精力，去思考筹划社外的文化出版事业，在读书出版社，黄洛峰的灯是熄灭最迟的。

作为隐蔽的中共党员，黄洛峰也接受党派遣的一些十分紧急特殊的秘密任务。1942年间，党派到国民政府内政部任录事的张旭暴露，特务正要逮捕时，八路军办事处先行获得消息，急忙让黄洛峰立即通知张旭转移。接到任务后，黄洛峰积极准备，在接到张旭本人后，为张旭更换了准备好的服装，备足了路费，派人秘密护送出山城重庆，使张旭得以安全转移。若干年后的1979年，黄洛峰回到云南家乡，还看望了这位生死相依的战友，共同攀登了宾川鸡足山，参观了剑川的石钟寺，回忆起这段往事，在他俩的心中往事并不如烟，昔日经历又一点一点清晰起来，碎片串联起那些让人深深怀念的岁月往事。

1979年黄洛峰和张旭在云南宾川鸡足山考察

1979年黄洛峰和张旭在云南剑川石钟寺

黄洛峰对社内同志给予春天般的温暖。读书出版社职工唐棠回忆到，“1942年春，我的第一个儿子出生了。”“他（黄洛峰）路过桂林时，让新光书店派人陪他来到住在月牙山脚马坪村的家里来看我。他平易近人，一点也没有领导人的架子。”他“临走时，亲了亲孩子，放下一叠十元一张的法币”。他嘱咐到，在月子里要注意保养好身子，无钱买贵重补品，就每天用花生煲牛骨汤，营养很好，又有奶喂孩子。黄洛峰亲切地对我说到："组织上有困难有办法解决，你个人，困难就难于解决了。"非把这笔钱给留了下来，这笔不大的钱，记录着人间的温暖，记录着党的恩情，记录着领导与普通职工之间的亲密，包含着人性中的真善美，也展现了黄洛峰士的人格和魅力。

文化"突围"

贵阳读新书店工作人员（左起五孙家林、九汪锡棣）

1938年底到1939年3月，黄洛峰为了筹集新的资金，同郑易里到了昆明，建立昆明分社，相继又在成都设立分社，在贵阳和新知书店合建读新书店，在香港设立分社，再加原有的上海和重庆分社，总社之下共有7个机构。

对大西南的开拓有了初步成效，黄洛峰对此并不满足，他仍在设想以重庆为中心，以川、滇、桂、黔为基地，面向全国，通过昆明、香港走向海外，他坚信：传播科学的、先进文化的革命出版事业，是不可阻挡的。他对社内工作人员，经常谈到出版工作的重要性，谈起期刊与

桂林读书生活出版社工作人员（前排左起：一冼超、三唐棠、四杨熙、六刘廖；后排左起：三彭涵明、四罗萍、五陈梦轩）

革命的关系，用以进行具体的历史教育，启发从业人员的革命自觉性。黄洛峰认为，杂志是作者、读者和出版者三者紧密联系的纽带，是出版者的苗圃和前哨，只要条件允许，是应当紧紧抓住不放的。在他的带领下，出版社进行了英勇、机智的“文化突围”。在黄洛峰看来，反查禁是一种“文化突围”，是同查禁者斗争的艺术，出版社之所以能够发展，就是由于我们善于同“文化围剿”者进行灵活而巧妙的斗争。

读书出版社在各个历史时期，创办和发行了各种期刊，虽然经历多种艰苦和磨难，遭到连续不断的查禁，但又能野火烧不尽，春风吹又生的发展。《读书生活》于1937年1月遭到查禁，就改为《读书》半月刊，继续出版；《读书》只出了两期，又遭到查禁，就再以《生活学校》之名出版。其中的“读书问答”“大众信箱”仍由艾思奇负责撰稿回答，“哲学讲话”也还继续刊载，其主要内容不变，撰稿人也变换不大。就这样同国民党审查官员们玩起了捉迷藏的游戏，同时仍然同读者和作者保持了畅通无阻的联系。

1937年还出版了由艾思奇主编的《认识月刊》，这是一本大型理论刊物，是以马克思主义哲学为武器的战斗刊物。第一期是“思想文化问题特辑”，发表了艾思奇、胡绳、何干之等人的论文。第二期是“中国经济性质特辑”，刊登了薛暮桥、孙冶方等人的论文。

读书出版社先后出版和发行了15种杂志，黄洛峰经常告诉读社的人员，要向兄弟书店学习，期刊标志着出版业的活力和生气，我们注视着它，统治阶级也在盯着它！在这个焦点上，它集中了双方的爱和恨，我们就是要在荆棘丛中踏出一条路来。我们的事业是为真理而奋斗的事业。真理，是不会被剿被堵而失去光芒的，相反穿过“围剿”，真理的光辉更加为人珍爱。

1939年上半年，黄洛峰通知郑树惠去昆明接替李子清读书出版社昆明分社的工作。临行前，黄洛峰向郑树惠嘱咐到，到了昆明之后找地方关系，如张克诚（《云南日报》总编辑）、冯素陶（云南大学教授兼战时知识社编辑）、郑一斋（郑易里的二哥，景明号老板，开明进步人士）、楚图南（云南大学教授）。另外利用云南地方当局龙云与国民党蒋介石之间的矛盾，

昆明读书出版社工作人员（左一郑权）

开展工作。

原来在昆明的几位同志因不懂会计，总社始终得不到昆明分社业务经营方面的情况。当时负责经营的万国钧同志很着急，在派郑树惠去昆明时，告诉他会计工作的重要性，要郑必须懂得学会会计才能搞好业务，并当场用了一个多小时，教会郑会计借贷法和每月终做出月度平衡表等工作。

读书出版社昆明分社在华山南路战时知识社楼下租了一间门面，当时昆明华山南路上坐南朝北的有四家书店，其中一家是国民党的正中书局，另外三家是进步的生活、新知、读社。三家进步书店与正中书局所售的书是很不同的，甚至连门市部的布置也不同。读社书店布置简单，门市部所有的家具只有六只书架和一张银柜，此外当中有一书摊，这还是用大木箱堆成的。读社门市开门营业把门板卸下以后，整个门市部的书刊都呈现在读者面前，可使读者进出随便走动，随便取书翻阅，非常方便。后得郑一斋先生帮助，读社昆明分社得到战时知识社的另外一间铺面，郑先生还向昆明分社提供了几十只大木箱子，读社用做书摊和存放图书用。门市还安装了一百瓦的电灯六只，一到晚上，电灯一开，整个门市灯光通明。

当时云南既是抗日战争的大后方，也是最前线，西南联大、云南大学、云南师范都在昆明，在云南开办的工厂也多，各类机关、组织也多，滇缅公路通车后，人员货物往来更加频繁。华山南路是交通中心，白天以出差人员为多，到晚上以本市机关、组织、学校、工厂职工为多，而读社的门市布置很显眼，但凡路过门市的人，大都会进来看看。如有新到的书刊或畅销书，做出临时广告以后，来的读者很多，到后来老读者越来越多，因为互相介绍，新读者变成老读者了。

读者　作者

1945年9月，中国人民的抗日战争取得胜利，文化出版事业有新的发展和要求。生活、读书、新知三家书店共同决定，三家首先在发行上联合起来，10月在重庆成立了三联书店。这是期刊纷纷出版的时期，三联书店承担了22种期刊的发行和经销。在重庆达17种，外地出版委托三联承担在重庆发行的有5种。

黄洛峰评价出版事业的兴衰成败，并不仅仅看出版物的数量、规模、机构、分布上，而是更加看重为读者服务的质量上。他认为要从组稿、编辑、修改、增删、付印、校对、纸张、设计、装订、开本、字体、定价等每一个细节都考虑到读者，从发行环节看，门市、邮购、批发、进货、广告等也要考虑读者，黄洛峰常说："我们的出版事业，切莫忘记为读者服务！谁要忘记这一点，谁就忘了根本！我们并不主张只亏不盈，但我们首先考虑的是为读者提供精神食粮，而不是生产腐蚀人们灵魂的精神鸦片。"

黄洛峰总结多年的图书发行工作，认为图书门市部是读者交往汇集的地方，也是出版物集中展览供人选购的场所，它既是文化市场，又是公开的阅读场所，可以从这里测验读者对书刊的需求，也可以观察各种读者的思想动向。有些学者把逛书店看作一种享受，当作乐趣和嗜好，更多的人是当作追求真理，吸取精神营养，获取知识和技能的园地。在视马克思主义为“危险思想”的国统区，这里便成为传播与反传播的斗争据点。所以，一有时间黄洛峰就到门市部去，或回答读者的提问，或看看读者都购买什么书刊，他认为这是直接接触读者的机会，能结交新朋友，观察新事物，也能引出新兴趣。若是在门市部遇到熟人或同行，还可以得到各种信息和了解到行情。若是遇到不三不四的人来纠缠和找麻烦，他便机智勇敢地迎上前去，处理起来比其他人都熟练，用不了几句话，便解决了。

有一次，他到门市遇上一个书刊检查者和一个书店店员发生争执，前者要把《新民主主义论》一书拿走，后者则不准拿走。黄洛峰了解之后，向检查者说道：“本店出版的书刊，都印有发行者姓名，专向社会负责，凡本店经销的书刊，都印有图书审查委员会通过证号，都受到政府应有的保护，没有明文查禁的书刊，谁都不能随意拿走，书刊和人一样，应当受到法律保护，本店人员和经销书刊，同样也不例外，是受到法律保护的。请看，本店律师是著名的沈钧儒先生。”他指了指店堂中悬挂的用镜框装着的“律师证书”之后，使得检查者很为尴尬，简直无言以对，而围观的读者皆怒目而视，使他更为难堪。黄洛峰又以缓和的态度继续说：“这本书早已经在《新华日报》上公开刊登了，你可能没有看见，你若想看，可以和其他读者一样购买，若随便拿，店员就要干涉了，如果你没有钱，我可以买了送给你，你经常到我们书店来，你和我们都应该是书刊的保护者，这样读者就欢迎你了，我们可以交朋友了！”这样弄得那个家伙拉着脑袋连声说：“是，是，我们是朋友，我不看了。”一场虚惊过去了，在场的读者和店员，高兴地看着那个检查者灰溜溜地走了。

黄洛峰与沈钧儒

黄洛峰对门市工作的要求是严格的，因为工作人员的待人接物、工作作风、书店风格和政治方向，都从门市部公开展示出去，它代表了书店的各个方面。新加入书店的人员，往往从门市部做起，可以从这里练兵，他强调，人员素质要从门市部打下基础，基本知识要从门市部的工作中吸取，边干边学，日积月累，这样便可以学得扎实可靠，不会浮飘虚夸。

为外地读者服务也在黄洛峰的考虑范围内。读书出版社的前身《读书生活》就是从“读书问答”办起来的。关于向读者服务的具体项目，除门市部直接回答读者的提问外，只有通过邮递书刊或信件以满足读者的要求。黄洛峰将邮购工作作为读社的传统项目来抓，并时常提醒读社成员，要为读者服务，必须开展邮购工作，这是同读者谈心的思想阵地，没有一定的思想文化水平，还不能承担这项工作。

读书出版社的邮购工作之所以受到读者的称赞，是因为在黄洛峰的严格要求下，这项工作做得非常认真细致。凡是读者来信，一律登记卡片，建立档案，档案中有读者姓名、地址、职业、年龄、平信、挂号、内容摘要、汇款多少、需要什么书、提有什么问题、是新户还是老户以及书刊寄出后的存款、欠款，所要书刊是本版还是外版，是欠款发寄的还是存款发寄的，是集体还是个人等等都一一加以登记。建立健全的读者档案，形成了读书出版社自己的“读者阵容”。

黄洛峰还要求把读者来信集中起来，分类摘编其内容，归类为书刊评论、思想信箱、理论探索、疑难问题、大后方见闻、奇谈怪论、分裂与倒退、革命何罪、呼吁与呐喊、抗战之声、团结与进步、青年生活等，形成了读社富有吸引力的“思想杂志”。

黄洛峰对形成读社自己的“读者阵容”“思想杂志”是很感兴趣的。他常讲，从这里我们可以认识广大读者，也可以认识我们工作的意义，它即加强了我们同读者的联系，又摆脱了图书杂志审查机关的束缚。邮购工作，是几千读者的总代办处，除了邮寄书刊和回答提问之外，读者委托代购药品、代探视亲属甚至代办事务，我们都一一办到，使读者感到，我们既是谈心人，又是好朋友。

黄洛峰把邮购工作同南方局号召的群众工作要实行“三勤”（勤业、勤学、勤交友）结合起来，使“三勤”落到实处，既锻炼了读社自己的员工，也帮助了群众。他落实党的号召是一丝不苟的，而且把公开和秘密结合得恰到好处，邮购工作者给读者和员工都留下了极为深刻的印象。

黄洛峰以开放的胸怀做图书的发行工作，他对“同行是冤家”的说法就持批评的态度。他说：“对进步的出版业来说，同行不是冤家，也不会成为冤家。相反既是同行，就有共同点，应该是共同奋斗，互相支援，成为友谊、团结的基础。若说有矛盾的话，那是目标不同，读者不同。应该发挥各自的长处，利用各自的优势，各自创造发展自己的条件，而不是给同行设障碍。”黄洛峰和读书出版社，就是以这样的理念和准则对待同行的，发行网络的相互补充和使用，扩大了发行范围和渠道。有了共同包容的原则，其批发业务也扩大和发展起来了。自己的门市不足，自己的分店不多，自己的邮购不普遍，同行们就一一取代，这样批发工作就可以填补了。无论在什么时候，读书出版社批发和进货工作与同行都是相互联系支持的，也批发自己的出版物给同行去发行。除本市之外，外埠同行也可以成为外地发行点和发行网，这样，无数同行之间形成一张网，成批的邮件发往各地，辐射全国，这样一支发行大军的力量，是不可估量的。

黄洛峰认识到，出版社健康发展的前提是要有好的作者，作者是出版社依靠的支柱，缺乏这个支柱，便不可能有出版物，出版社是不能离开作者的。在他的要求和督促下，读书出版社坚持了无论在什么环境中，遇到什么困难，都要考虑作者和作品，要使作者感到出版社所给予的支持和友谊，他常说："我们出版社应当是作者之家，我们与作者之间，不是两家人，而是一家人。"

他一直十分尊敬读书社的社友，如李公朴、艾思奇、郑易里。他们是读社的创办者，也是作者，更是黄洛峰和读社的好友。读社无论在上海、在武汉、在重庆以及其他地方，客人之多是著称的，特别是文化界的学者、作家、诗人、教授和名流，他们都是黄洛峰的朋友，在文化圈内，人们喜欢称他为"黄老板"。

李公朴

李公朴，是读书出版社的创始人，也是著名的社会活动家，"救国会"领导人和"七君子"之一。李公朴一直是黄洛峰敬重的挚友，长期的带头人和合作者，被黄洛峰称之为"李公"。读书出版社的所有成员，凡同李公接触者，无不敬之为长辈，他的平易近人，谈笑风生，不论年长年幼都喜欢他，同他接触彼此都倍感亲切，把他视为家人。

艾思奇，是读书出版社的创办者之一，他虽然于抗战之初即离开读社，但他撰写的《大众哲学》为读社立下大功，多次再版；他在延安还经常为读社组织书稿，是全社人员亲切而熟悉的“引路者”。

郑易里，也是读社的创办者之一，同时他也是私人股份最大的股东，他的哥哥和侄子入股，都是通过他邀约参加的，这是特殊的股东，只有投入，而对红利和股本从未索取，分文不取。不仅如此，郑易里的译著由读社出版，也像艾思奇一样，版税、稿费一概不要！这是黄洛峰常常赞叹的人和事，也是常常为社内工作人员所感动的人和事。

柳湜、夏征农、周巍峙、曹伯韩、廖庶谦等是读社最早的编辑和作者，离社之后，也是来往密切的社友，他们都是进步出版事业的参加者和支持者。

学者和作家是出版社的依靠力量。郭沫若、翦伯赞、郭大力、王亚南、章汉夫、吴敏、平心、沈志远、石啸冲、刘惠之、杜国庠、吴清友、张申府、邓初民、曹孟君等也是读社的常客。还有南方局的凯丰、徐冰、董必武、许涤新、潘梓年等，他们既是作者却又不同于其他作者。

黄洛峰在经营读社时，与社里工作人员谈道：“我们应当有不同层次的作者，不同专业的学者、专家，不同的作家和诗人，他们都是我们的好朋友，都要亲切以待。作者不厌其多，朋友愈多愈好，千万不可实用主义，今天给我们写书，我们就联系，书一出版，就成路人，过河拆桥，不是出版工作者应有的态度。出版工作者和作者之间，是互相支持的，不是一方有求于另一方，把一般商人的做法，搬到人民出版事业中，那就不对了。出版工作者若不体谅、不照顾作者的困难，就不可能有好的出版物给读者。我们的产品是精神食粮，是对人的灵魂有益的营养，如果老在钱上打算盘，我们的《资本论》就不可能出来，出版是应当学会经营，学会管理的，但不是克扣作者的稿费和版税，不是从作者身上打主意，而是要和作者一起为出好书办好刊物而努力，这样凝聚力越大，我们取得的成果也就越大。”正是因为有黄洛峰这样的思想的引领，在读社聚集了一大批作者，如：戈宝权、张友渔、侯外庐、胡绳、以群、臧克家、艾芜、李凌、赵沨、章泯、陶行知、姚雪垠、茅盾、夏衍、孔罗荪、曹靖华、邵荃麟、冯乃超、胡风、陈翰伯等，这些作家都和读社、和黄洛峰之间有着密切的联系。这些作者每次到了读书出版社就像到自己家一样感到亲切愉快，真诚的友谊，切实地互助，加上政治思想上的一致，思想感情自然融洽，这些人成为读社的作者，也成了黄洛峰的客人和朋友，读书出版社成为吸引作者和保护作者的坚强堡垒。

到达重庆后，黄洛峰反复考虑，这里不同于上海也不同于武汉，要把革命出版工作搞好，有其优势也有难点，来不得任何麻痹大意，来不得任何骄傲自满。他认为只有站稳脚跟，奠定基础，方能发展。重庆是各种势力汇集，各种矛盾交错的地方，稍有不慎，便会出现纰漏，多年地下工作的经验让他冷静、客观地分析形势，做出安排和处置。

在把部分干部派往延安和敌后开辟新的领域之后，黄洛峰的主要精力是抓读社的内部工作，他首先抓学习，用学习来提高认识奠定思想基础。书籍是向人们提供精神食粮，出版社是生产中的一个基础方面，出版社的人要了解书籍的内容及其意义，这就要提高人员素质，提高素质的主要途径就是学习；再有就是要做好社内同事的思想工作，把每个人的积极性调动起来，工作必须从学习入手。作为一个进步出版社，应当怎样学习呢？他经常考虑和思索着这一问题，他认为应当结合社内成员的不同情况，既有统一部署，也有个别安排。

在学习内容上黄洛峰提出要开展时事政治学习。1939年7月7日，在抗日战争全面爆发两周年之际，中共中

太行华北书店

延安华北书店

央发表了《为抗战两周年对时局宣言》这一重要文件，当时日本正侧重以政治诱降的阴谋来达到降伏中国的目的。因而宣言中响亮地提出了“坚持抗战到底，反对中途妥协；巩固国内团结，反对内部分裂；力求全国进步，反对向后倒退”的三大政治口号，重庆《新华日报》为纪念抗战两周年发行了特刊，特刊全文刊登了这一宣言，同时还登载了毛泽东、周恩来、洛甫、王稼祥、刘少奇、博古、凯丰、董必武、吴玉章、叶剑英、邓颖超等撰写的文章。黄洛峰很重视这一特刊，把它看作是党内的重要文献，是每个共产党员的行动指南，他不仅自己反复研究和学习，也组织读社全体工作人员学习和讨论，使这一文献精神深入到读社每一个人心中。他经常向文化出版界的朋友们讲：“我们要‘三坚持、三反对’，要坚持抗战、坚持团结、坚持进步，反对妥协、反对分裂、反对倒退。凡符合这个原则的，就拥护就遵循，否则，就设法抵制，概不接受。不仅仅是出版界应当这样，全国人民都应当如此，只有这样，中国才有光明的前途，中国的抗日战争才能取得彻底胜利。”在读社内，他倡议建立起了学习制度，组织阅读《新华日报》和《群众》杂志以及本社出版的《学习生活》中的重要论述，要求紧紧结合现实生活中的重大事件，例如汪精卫等人的叛逃、参政会的重要提案等。并定期进行时事测验，他和大家一起参加测验和讨论，以检查学习效果。

黄洛峰在要求读社成员开展时事政治学习的同时还

强调进行理论学习。黄洛峰对哲学学习特别注重，无论选书还是讨论，他都参与，他认为这是对人生观和世界观有直接影响的大事。他看重读社自己出版的《大众哲学》，政治经济学的学习，他主张先学《资本论》入门的通俗著作，还请了主编《群众》的许涤新来讲解。对历史、文艺可根据社内员工自己的兴趣，自选自学，不做一般性规定。黄洛峰一再强调："读书出版社的人员，一定要养成读书的习惯，一定要结识读书的朋友，这是我们的传统，我们社就是由《申报》的"读书指导部"演变而来，开创的第一个刊物叫《读书生活》，我们自己若不认真读书，那真愧对读者，愧对我社创办者李公朴、艾思奇了。我们不能读死书，也不能死读书。读书不是目的，是为国为民而读书，为国为民而出书和读书，谁不了解这个根本点，谁不抓住这个根本点，谁就会走到邪路上去！"

向邹韬奋学习

黄洛峰体会到，一个进步的出版事业，要他的成员以主人翁的态度参与这个事业，从而热爱这个事业，首先要大家了解它的历史发展进程，这是非常必要的。

他用本社的创立和经历的磨难来教育大家，他的教育是生动的、形象的也是具体的。在出版社前进的道路上，什么是胜利？什么是失败？成绩是怎样得来的？失败是怎样造成的？吸取什么经验教训？经过这样的分析，让大家产生了深刻的印象。黄洛峰把自己摆到读社的发展中去讲社史，成为很受读社成员欢迎的业务课。

他还决定由各个业务部门的负责人讲自己在工作上的体会、经验教训，以具体事例来讲解，这样就把业务学习具体化，可以迅速达到学以致用的效果。用这样的方法来讲工作、讲学习，对骨干是个督促检查，对新人和大家就是业务学习和训练。出版社的各种业务，就是这样传授给一代代新人的。要说学习的教材，邹韬奋的《事业管理与职业修养》就是黄洛峰指定要大家认真学习的读本。

1932年，邹韬奋在上海陶尔斐斯路48弄创立生活书店

黄洛峰谈到，由邹韬奋创办的“生活书店”以推进大众文化，服务社会为己任，在短短的几年中，发展成遍及全国14个省，拥有56个分支店的全国规模最大的文化阵地。邹韬奋的经验，虽然谈的是生活书店的事，但是值得我们学习，对一个出版社的经营管理、服务态度，生活、读书、新知三家书店都应当遵循。

在学习中，他强调独立的个性，强调自己的特色，但相互之间可以取长补短，相互促进和发展。黄洛峰特别喜欢邹韬奋谈及一个人对事业态度的评述，对事业勇于担当。

对于事业是抱着旁观者的态度还是抱着参与者的态度呢？邹韬奋说："旁观的态度是消极的，参加的态度是积极的，旁观的态度是只想吹毛求疵，不想办法；参加的态度是不仅批评，而且还想办法。旁观的态度是只唱高调，不顾到现实；参加的态度是根据实际的需要，同时并根据现实，加以慎重的考虑。旁观的态度是要说的话藏在肚子里，或背后大戳壁脚；参加的态度是知无不言，言无不尽。旁观的态度是只顾自己，不顾大局；参加的态度是把团体的利益放在第一位，个人的利益放在次要的地位。旁观的态度往往偏于个人的争意气；参加的态度特别注意正义与公道。旁观的态度事事不负责任；参加的态度处处负责任。旁观的态度把自己的事看作团体的事，参加的态度把团体的事看作自己的事。旁观的态度对于同事的好坏，马马虎虎；参加的态度对于好的同事爱护备至，对同事的错误，总是要很诚恳地设法纠正。旁观的态度只顾到私谊不顾到团

生活·读书·新知三联书店
1956 年 1 月第一版的《韬奋文集》

体的公共利益，于是援用私人，包庇私人的种种病态都纷至沓来；参加的态度虽重友谊，但遇到公事，必把公事放在前面。”读社对事业态度的大讨论，黄洛峰和大家一起讨论，联系自己，反复对照。这是读社组织的一次让大家印象深刻具有意义的讨论，对读社每个参加的同仁是一种学习，也是一种激励。

通过学习和讨论，读社同事之间的关系更加亲密了，事业心和责任感加强了。为了进一步加强总社和各地分社之间的联系，又创办了《社务通讯》内部刊物，使各分社的情况及时反映到总社，总社的决定也可随时下达到分社，对读社工作起到了良好促进作用。

我以我血荐轩辕

1940年9月9日，国民党中央党部给各省党部下发了密令：“共产党实施宣传教育政策，自办新华书店，复利用各书商推行书籍。今后对付方法：①对以营业为目的之书店，应以威胁方法或劝告方式，使其停止推销。②对共产党书店应派人以群众面目大批收买而后焚之，或冲进该店捣毁之，惟事先应布置周密，与当地军警宪主管机关取得联系，接洽妥当，对外绝对秘密，以免对方借口。其情形，随时呈报。”

在国民党“密令”下达之前，对文化进行围剿的行动早就开始了，“密令”下达只是更加助长其反动气焰。黄洛峰没有被这个“密令”所吓倒，他考虑的不是退缩、自行关闭的消极办法，而是如何积极地采取斗争措施，在文化出版战线上取得克敌制胜的效果，如何在斗争中求得生存和发展。他在社内经常提醒大家，读书出版社、新知书店和生活书店是国民党特务盯梢的重点目标，我们应当有清醒的思想准备，对于三家书店的消息要随时随地通报，要提高警惕，加强防范。

国民党在军事上加紧制造摩擦的同时，在政治上和文化上，也加紧了制造事端，使整个大后方感到形势逼人，人人惶惶不可终日。特别处在国民党统治区的核心——重庆的文化出版界，成了特务们挑起事端的敏感区，往往是为了极寻常的小事，而大做文章，使广大进步人士感到义愤填膺。

1941年1月5日，国民党顽固派蓄谋制造了震惊中外的“皖南事变”。黄洛峰得知这一消息后，无限沉痛，满腔愤慨。在读书出版社的学习会上，他传达了1月11日周恩来在《新华日报》创刊三周年纪念会上的讲话精神，他说道：“黑暗总是暂时的，光明一定会到来！有革命斗争经验的人都懂得怎样在光明和黑暗中奋斗，不但遇到光明不骄傲，主要是遇到黑暗不灰心丧气。只要大家坚持信念，不顾困难向前奋斗，并且在黑暗中显示英勇卓绝的战斗精神，胜利是会到来的，黑暗是必然被击退的。”

黄洛峰和读社的成员，都在反复学习阅读《新华日报》上的题词和内部的《新四军皖南部队惨被围歼真相》的传单。为防范敌特找麻烦，黄洛峰要求读社成员不要单独外出。同时，他还鼓励大家：我们的事业，是人民的事业，人民是支持我们的。引起警惕是应当的，为此惶恐不安是大可不必的，我们应当照样进行工作，一切由社里来负责，顽固派要找就来找我这个“老板”好了。在黄洛峰的领导下，读社坚持工作和学习，并积极应对可能发生的变故，做好一切往最坏的方面发展的打算。

此后，读社在成都、昆明、贵阳、桂林的分社一一被查封，而且生活、新知两店在国民党统治区所开分店也一一被查封，三家书店，除重庆各自保留一个分店之外，全被关闭了。不久，中共中央南方局决定把在重庆的文化骨干分别向解放区和香港疏散，黄洛峰于3月和徐伯昕一道疏散到香港。读社和生活的总管理处也随之迁到香港。三家书店各自留下少数人仍然坚持在重庆继续营业和斗争。

在赴香港途中，黄洛峰的心情极不平静，写下了《清平乐·磨剑》一词：

清平乐

磨　剑

（1941年春渝筑道中）

江南血战，巫峡妖氛漫。踏破娄山云一片，风雨声声磨剑。　　乌江无语东流，怒涛千载悠悠。重整旗鼓去也，会看星火神州。

到达香港后，黄洛峰在廖承志直接领导下工作，是单线联系，不与其他党员发生横向关系。他和生活书店负责人商定，生活、读书两家合开“光夏书店”，出版发行本外版图书。黄洛峰通过有关同业的相互帮助，向新加坡、缅甸等华人地区销售汉语书刊，以求得海外业务的发展。他在香港之时正值“九一八”事件十周年，写下词《临江仙·九一八》：

> 烽火辽沈还故国，义旗大众高擎。浦江反日志成城。如今鏖战急，南北凯歌声。　倏忽十年思往事，蹉跎岁月堪惊。自笑因何不胜情。欲学万人敌，九龙看天明。
>
> 作于九龙

1941年底，太平洋战争爆发，日军攻占香港，读社在香港的资财损失一空，在经济上受到沉重打击。在廖承志的领导下，留在香港的一批文化界知名人士和黄洛峰一起，于1942年初由东江游击队派人接应、护送，离开香港到达东江游击区，经过曲折途径，转移到桂林，于1942年春，返回到重庆。

这次转移，邹韬奋离开香港之后，被东江纵队护送到了解放区，徐雪寒调做经济工作。这样生活、新知的主要负责人就没有再返回重庆。在中共中央南方局文委领导下，生活、读书、新知三家书店的出版工作就由黄洛峰统

重庆读书出版社门市部

一协调，三家书店遇到重要问题，由黄洛峰召集另外两家负责人商量处理，用他自己的话说，就是大家“经常在一块磋磋”，生活、新知的薛迪畅、仲秋元、方学武、沈静芷、岳中俊等同志也很高兴参与这个“磋磋”的碰头会。

重庆的政治氛围使革命者透不过气来，在工作和斗争中需要更多的智慧和艺术，需要更多的力量去战胜“雾夜”下黎明前的黑暗。当时生活、读书、新知三家书店在政治上保持一致，在业务上保持各自的传统和特色，有合有分，相互配合、相互支持；党领导下的书店工作以三家书店为核心，发展进步力量，争取团结中间对象，孤立打击顽固势力，使雾都重庆的出版战线十分活跃。经过与反动势力的多次较量，打退了几次反共浪潮，三家书店的成员，都经历了锻炼和考验，以坚强的毅力和顽强的决心和信心投入到新的战斗当中。黄洛峰在重庆的卧室兼办公室里挂着他自己书写的条幅：

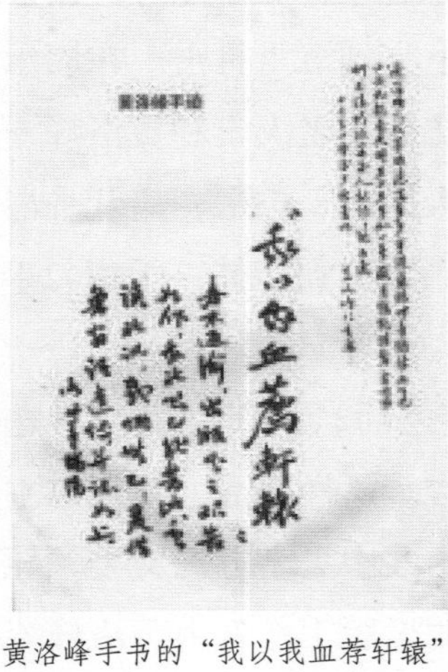
黄洛峰手书的“我以我血荐轩辕”

“我以我血荐轩辕”

春末返渝，出版界之艰苦如昨，我社也已非昔比，重读社讯，感慨无已！爰借鲁翁语遣怀，并志如上。

洛峰三十一年端阳

这不仅仅是黄洛峰用以自勉的信念，也是激励伙伴和同仁的决心。在白色恐怖的环境下，一个从事隐蔽战线文化工作的领导人没有这样一种献身之精神，是不能进行顽强战斗的，更不能带领其他人冲锋陷阵。黄洛峰传统士的良好品格和包容大气的凝聚力，就在于他有大无畏的英雄气魄和敢于蔑视邪恶势力的正义力量，同时他又有丰富的隐蔽战线的工作经验，在对敌斗争中显现出他的聪颖和智慧。

集体　事业

黄洛峰称读书出版社是个战斗的集体，他本人是这个集体中的一员。这个集体需要他，同时他也需要这个集体。由他带动着这个集体，这个集体也在扶持着他的工作。大家喊他“黄老板”，社内的同志，谁也没有把他同业主、资本家联系起来，这是一个亲切充满敬意的称呼，在这个战斗的集体中，黄洛峰在读社有几位患难与共的伙伴，郑易里、郑楚云、万国钧、吴毅潮、唐登岷和一批小伙子们。

郑易里，原名郑雨笙，曾用名郑重良。云南玉溪市红塔区人。农学家，科技情报专家，中国电脑汉字形码理论体系的奠基人。早期从事马列主义著作的编译和出版工作。还在昆明成德中学读书时，郑易里就是黄洛峰的学长。长期同黄洛峰承担着读书出版社的经营和风险。他的哥哥郑一斋是云南的知名人士，曾在读书出版社最困难的时候，慨然支援，先后拿出七万多元入股。后来，一斋先生于1942年被美军吉普车撞死，黄洛峰和读书出版社成员无不痛惜。郑易里是读书出版社董事会的董事长，却从不索取股息，也看不出老板的架式，他和读书出版社的其他成员一样奔忙和艰苦，他在抗日战争期间，一直留在上海，继续为《资本论》整理译稿或者校核。《资本论》的出版，以及在上海印行读书出版社的其他书籍，都凝聚着他的汗水。他翻译出版了《新哲学大纲》和《自然辩证法》等马列著作，为读书出版社的理论学术出版物增添了光彩，也给读者留下了深刻的印象。

他有时也到重庆同黄洛峰商量读书出版社的事，他们相互支持，配合默契，既是好友，又是同事。多年的编译工作使郑易里体会到需要一本适用的英汉词典，从20世纪40年代起他便同曹成修一起合编《英华大词典》，经过近10年的宵衣旰食，搜集整理和参阅了不计其数的文献资料，《英华大词典》于1950年底出版。这本词典前后印刷了几十次，发行100多万册，哺育了两代新中国的海内外英语学子。1977年商务印书馆向郑易里提出再版这部经过修改更为完善的《英华大词典》。1985年新的《英华大词典》终于在商务印书馆正式出版了。这部词典不仅包括了政治、经济、科技、生活等各方面的词汇，甚至还能查到美国的常用俚语。

郑易里、曹成修主编的《英华大词典》

半个廿纪以来，这本《英华大词典》是我国最著名的一本工具书，它哺育了海内外三代华人学子，为东西方的文化交流起到了重要的桥梁作用。然而，从它诞生到现在的半个世纪中，却蕴含着许多鲜为人知的令人感动的真实故事。1985年英国首相撒切尔夫人访华，同中国政府签订了中英两国关于香港问题的共同声明，当时的国务院领导人向撒切尔夫人赠送了两件礼物，其中的一件就是《英华大词典》，欧洲铁娘子带着这份礼物回到了英国，今天，在她的遗物还能否寻到这本30多年前中国人民所赠的《英华大词典》？撒切尔夫人当

郑易里、曹成修一起合编的《英华大词典》

然不会知道这本装帧精美的大词典，是当年郑易里靠手工作业的土方法编写出来的。撒切尔夫人手中拿到的这部精美的大词典，也是在诸多翻译工作者和英语学生手中的一部颇受赞誉的工具书，它显示了中国人民克服语言障碍，愿与世界沟通、追求发展与进取的决心和毅力。

中华人民共和国建立后，郑易里在华北农业科学研究所（中国农业科学院前身）做编审工作，主编《苏联农业科学》和《农业科学译报》等农业科技刊物，编辑审校了大量苏联和世界先进农业科技译文，把国外的最新农业技术和农业经济政策介绍给中国的农业科技工作者，为年轻的共和国的农业科技发展起了推动作用。

随着世界信息事业的发展，计算机开始进入中国，几乎是同时，郑易里开始了计算机中文处理的研究，并于1970年创制出“二码”即“字根说”。1971年中国农林科学院情报研究所成立后，郑易里调入情报研究所检索室进行计算机汉字输入研究，经过14年的艰苦努力，于1985年12月“ZN电脑汉字26键拆根编码方案”终于通过鉴定，获农牧渔业部科学技术进步一等奖，并在农业科技文献的建库工作中发挥了排头兵的作用。1987年离休以后，他同女儿郑珑合作进行了“字根通用码”的研究，以更科学、更完善的标准加以改进。经过3年的努力，1990年11月，这一研究通过了中国标准技术开发公司和中国专利技术转让公司的技术鉴定，并命名为“郑码”。1992年4月，“郑码”系统建成比《康熙字典》《中华大字典》

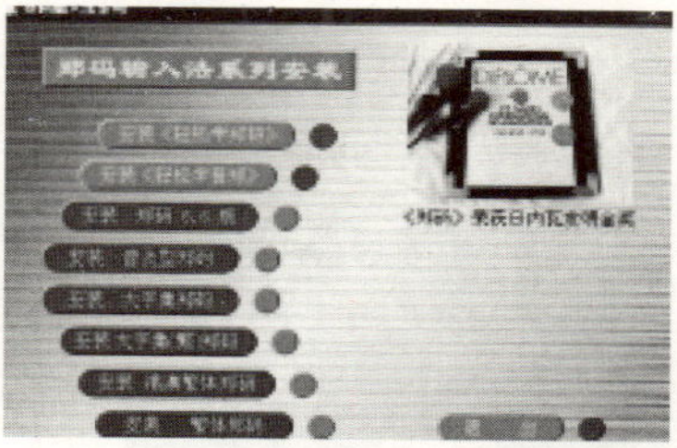

郑码输入法操作软件安装截图

《汉语大字典》还要多的“大型汉字数据库”；同年，第三次海峡两岸汉字输入比赛，使用“郑码”的内地选手一举夺得简体字和繁体字两项冠军；1994年在第22届日内瓦国际发明展上，“郑码”被授予金奖；1995年，韩国独立将5000万汉字的《大藏经》制成光盘，从诸多的汉字输入法中，选中了“郑码”，仅用半年时间就完成了录入；1996年国家科委、国防科工委、中国科学院、中国科学技术协会、国家自然科学基金会联合向“郑码”颁发了全国科技信息优秀成果一等奖。郑易里用自己一生的辛勤验证着这样一句话：科学研究的道路是没有尽头的，只能一步一个脚印地向前走。

郑楚云，曾化名陈楚耘，原名郑亮，借“此身化作楚云飞”的诗句，改名郑楚云。1934年由党组织决定转赴上海，从事党的文化宣传工作，由柳湜介绍参加《读书生活》的编辑工作，同李公朴、艾思奇、夏征农、周巍峙、廖庶谦等一起工作，也是当时少数几位共产党员之一。他除了处理日常编务和书籍的出版之外，偏重于《读书生活》杂志的“青年习作”和“读书问答”两个专栏。他写的《妇女问题》《民族问题》和《实践的知识》都列入社会常识读本出版，受到读者的欢迎。1936年春，在艾思奇的领导下，郑楚云具体组织秘密的“哲学研

郑楚云

究会”，同时认识了黄洛峰，以后在读书出版社长期共事，成为出版社主要编辑之一。在武汉，他同黄洛峰一起，拟定了读书出版社发展党员的计划，由于战争的影响，这个计划到1939年在重庆才实现。撤离武汉时，郑楚云与钱俊瑞、胡绳、罗叔章等被派往鄂北继续坚持救亡宣传工作。1938年11月“确山惨案”发生，郑楚云奉命突围，辗转到达西安，在西安接组织通知，与吴毅潮同行返回重庆，回到读书出版社，并介绍吴毅潮参加读书出版社工作。郑楚云和吴毅潮的到来，给读书出版社增加了编辑出版力量，郑楚云除担任书籍的编审之外，1940年4月，读书出版社创办《学习生活》半月刊，由他和赵冬垠主编，《学习生活》很快受到广大读者的欢迎，成为当时畅销的刊物之一。在此期间，郑楚云负责读书出版社同事们的学习和思想组织工作，他担任读书出版社中共党的支部书记，他是大家学习的辅导员，又是大家思想的贴心人，还是黄洛峰的挚友和助手，黄洛峰常常怀念着他。

万国钧，是读书出版社人员中的兄长，比黄洛峰长三岁，1936年参加读书出版社，长期主管财务，各种行政业务，他都是好把手，不仅精于内部管理，而且擅长商界经营，是位难得的好管家，被社内外一致称赞为实

万国钧

干家。他同黄洛峰共事最久，自抗战前至解放战争时期，他们都很少分开，特别是在危难环境中，他们相互配合更为密切。黄洛峰长于开拓，万国钧擅长于治理，对外一致，对内协调，他们既分工，又能联合经营．无论在重庆书业界，还是在上海书业界，都是闻名的，为同业所称道的。他善于团结出版界同业，并有很好的声誉。在山城重庆期间，形势紧张，国民党特务监视盯梢黄洛峰更加严密时，他同黄洛峰形影不离，无论社内社外，白天还是夜晚，总是在一起，读书出版社的成员称他和黄洛峰是对好搭档，说是社里的“星星和月亮”，谁也离不开谁。由于有万国钧的大力协助，黄洛峰有更多的时间开创新出版业以及文化事业，到处张罗无后顾之忧。

吴毅潮，是在鄂北做抗日救亡活动中认识陈楚云的，并同陈一道入川，到重庆读书出版社工作。到达重庆后，吴毅潮勇于挑起重担，支撑着艰难局面，并且从困难重重中开拓出新的途径。他对外张罗联系，对内组织安排，紧张细致，效率很高。他熟悉各种业务，善于经营管理，他热爱出版事业，又别无牵挂，全部心血

吴毅潮

都花在工作上，他勤于学习、勤于思考、勤于工作，对他带病坚持工作及表现出的坚强毅力黄洛峰称赞不已。吴毅潮后来牺牲在解放战争时期，黄洛峰得悉他牺牲的消息，感到很悲痛，在革命奋斗的征程上，无数的同志和战友没能看到胜利的到来，他们才是真正的英雄！黄洛峰始终怀念着在革命征程中牺牲的同志。

唐登岷

唐登岷，1940年受中共云南党组织派遣到重庆向中共中央南方局汇报工作，后留在重庆工作，于同年秋天到读书出版社担任编辑，读社内的同仁学习也由他主管。社里规定了学习制度，每个人参加一个专业小组学习，其中有哲学组、经济学组、文学组还有文化组。读书出版社的成员，都有着崇高的理想和奋斗目标，也都有各自的爱好和兴趣，在艰苦的环境里都安于自己从事的出版事业，而且都为社内的团结友谊而自豪，唐登岷成为大家学习和生活的顾问，称为“学长”是很自然的。

其他如孙家林、郑树惠、刘耀新是分社或副业的负责人，也是黄洛峰从实践中首先提拔的骨干。在读书出版社还有一大批青少年，如范用、倪子明、欧阳章、汪晓光、丁仙宝、马以光、汪静波、金思明、谢仲明、余潜、刘川、陈青聆、陈一昆、袁伯康、李存德、黄坚、吉健生等，他们都是因仰慕读书出版社和黄洛峰之名而来的店员，他们多半都是出身贫穷、经历苦难的孩子，他们来自四面八方，因有着共同的理想汇集在一起。重庆冉家巷的夜晚，是读书出版社店员汇集的地方，在这里，黄洛峰时时刻刻关心着每个人的进步和学习，对个人的爱好他也尽力支持。黄洛峰还支持孩子们参加广泛的社会活动，中国剧艺社排演郭沫若的《孔雀胆》时，缺孩子的角色，于是刘川、珠一昆便去支援。有人学俄语，他鼓励；有人学世界语，他也支持；有人爱写诗，他找诗人帮助，他是一个兼容并蓄、包容万事的厚道的长者和开明的知识型商人。

黄洛峰极其注意观察社会和关心现实生活，他关心着生活、新知书店的每一个同志，假日或适当的机会，像新华日报组织的晚会、重大节日活动，他鼓励大家都去参加。

1944年春节，在山城重庆，黄洛峰根据三家出版社年轻人多的特点，倡议大家去郊游。他组织三家书店的工作人员到重庆南山旅游，黄洛峰对三家的年轻人充满信心，要求各家都出节目，自编自演自唱，读社的同志还演出了自编话剧《你这个坏东

重庆读书出版社工作人员（前排左五黄洛峰）

西》，大家尽情地演出、跳舞，就地野餐，这支一百多人的队伍年轻有为、朝气蓬勃，像个文艺团体旅行演出，大伙玩得兴奋，跳得痛快，这一情景让年轻人们多年后仍难以忘怀。

黄洛峰对员工的生活也是关心的。按红岩村和《新华日报》馆的办法，改善书店的伙食，保证一日三餐，每餐要有定量的油盐，每周一次定量的肉食。读书出版社的任何成员生病，黄洛峰都要亲自安排进行慰问并从速治疗。黄洛峰也是一位为年轻人引路的大哥，他自己的成长就经历了艰难的历程，常常考虑到年轻人今后的个人成长和生活之路，对年岁较小的孩子，有上学可能的，就让他们去上学，学点知识、学点技能，如读社的袁伯康，他就把他看作孩子，送到学校学习，送钱送物送学具，学校伙食不好，每周回到读社，让伙房专做些肉食，交给袁带往学校，他如同一位兄长，为年幼的弟弟妹妹读书默默无闻做着一切努力之事，细润无声，真情永驻。

黄洛峰十分珍视个人的生命价值，曾经与自己工作过的同事去世，他都深感悲伤，对读书出版社去世的人员，他满怀不安和哀悼，是全社为之感动的。他曾带领28位同仁为读社一位去世的成员送葬，在这位成员重病期间，他付出了很多的操劳和心血，但终究未能挽救生命，他愿逝者安息，生者坚强勇敢地面对生活。

黄洛峰还根据周恩来的部署，帮助了很多进步作家。范用在自己的文章中提到："周恩来对作家非常关心。当时，进步作家不仅政治上受压迫，常有被逮捕的可能，生活上也十分困难，洪深就曾因走投无路而自杀。总理就曾经交代过我们出版社的黄洛峰同志，要他开个名单，给最困难的作家送稿费。他说：直接送钱不好，作家怎么会随便收你的钱呢？你出个题目，请他写一本什么书，先把稿费给他就完事。他交不交稿，你别再去问。我曾经办过这样一件事。有位京剧演员叫金素秋，住在一个臭水沟旁，相当困难。八路军办事处陈舜瑶同志让我想法送点钱给她，如果不够，还要想办法多给一点。她写了个京剧剧本叫《残冬》，陈舜瑶叫我拿来给印出来，不管好卖不好卖，反正说卖掉了，送她一笔钱。解放以后，金素秋在昆明任京剧院院长。”

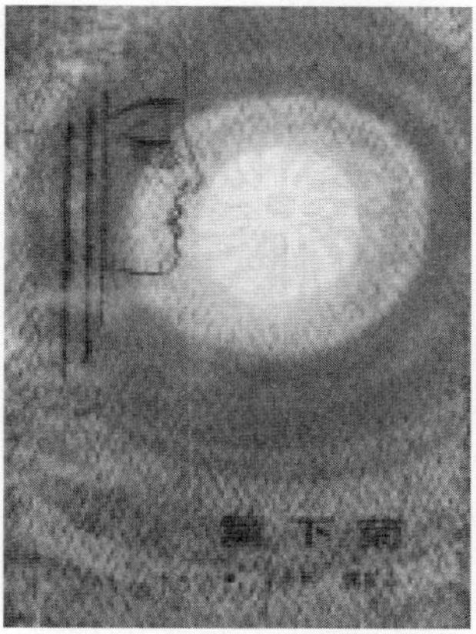

1989 年 12 月，由云南人民出版社出版的《篱下菊》（京剧名家金素秋回忆录及京剧史料）

黄洛峰帮助的这位金素秋女士，是京剧旦角。原名丁叔庸，河北省河间人。自幼因家贫辍学，学习京剧，12岁开始在天津登台演戏，工花衫，擅梅派戏，嗓音宽敞宏亮，艺术上有进取心和创新精神。1927年曾应邀赴日本参加福冈博览会的演出。抗战前夕到桂林演出了《潘金莲》《人面桃花》《金钵记》等，在表演方法上有所创新。抗日战争后期，自编自演了《恩与怨》《残年》

等。解放前夕，在昆明与他人组创艺联新京剧实验剧社，上演新京剧。解放后改编的京剧有《白毛女》，与他人合作改编过《阿黑与阿诗玛》《黛诺》等剧。1956年《黛诺》进京参加了全国京剧现代戏观摩演出，受到周恩来总理的亲切接见，被誉为第一个从正面把少数民族搬上舞台的剧作。还独立改编了《孔雀胆》《多沙阿》《南后》《废墟》。

郭沫若曾亲笔题诗赠金素秋，对她的艺术生涯和为人作了很好的评价：

江边微看剧堪怜，受尽搓磨不计年；
宁静无心随浊浪，漂浮底事向行船；
内充真体园融甚，外发英华色泽艳；
出水便嫌遗润郎，应知笼竹亦宜烟。

向西南开拓新天地

黄洛峰转移到重庆后，就着手开辟多条战线的工作。1942年，周恩来对重庆三家书店的领导人讲，书店务必要划分一、二、三条线，以利于生存和斗争，避免更加严重的损失。根据这一指示，三店采取新的斗争策略，开展了新的斗争方式，调整布置自己的阵地，以适应新的要求。

范用也回忆到：“我们党一直领导着进步的出版事

业。皖南事变以后，我们三家书店曾经考虑过要不要撤退，要不要宣告停业。周恩来副主席明确指示：你们要坚持，坚持下去就是胜利。坚持到他们来封门，就是你们的胜利。他们一封门就被动，就输理。周恩来同志的判断是正确的。国民党反动派想动手，可始终没有动手，他们也害怕。”

在重庆，生活、读书、新知三家书店的招牌继续坚持挂着，继续出版发行革命和进步书刊，在第一线进行斗争；在其他地方，原来的机构已不复存在，就另起炉灶，改换姓名，出版与第一线内容不同，但是进步的、对人有益的科学和文化书刊或工具书籍；建立文具和副业，开辟财源，以补正业；或同别的出版社合作，另建出版和其他机构。

范用、丁仙宝在桂林开设了新光书店；汪晓光主持重庆自强出版社，投资立信会计图书社；读社的张汉清、倪子明和新知的刘逊夫到广东曲江开办中南图书文具公司；刘少卿、陆良才到桂林开设建业文具公司；郑权到仰光开办书店；岳世华在昆明开金碧文具店并经营副业；为突破当局对纸张的垄断，解决新闻用纸问题，读书出版社与新华日报社合办文华纸行，从四川的大足、梁山直接采购纸张到重庆出

昆明金碧文具公司

售，即保障了新华日报和读书出版社的用纸，还将多余部分支援了其他几家出版单位。还派出郑树惠以“义聚公”字号做桐油、烟叶和曲酒生意，在上海，还搞了上海与山东烟台之间的贸易，并租用“宝通号”渔船，从事上海到苏北、胶东、天津、大连之间的运输和贸易。黄洛峰把这些措施作为落实二、三线的指示而实施的具体工作，对突破封锁，隐蔽革命出版事业，另辟蹊径以保实力和寻求多种经营、多样发展的方式，保存和掩护了干部，积蓄起了出版发行再度崛起的力量，使出版事业有了自己的经济支撑。在斗争中，黄洛峰十分明白“东方不亮西方亮”的道理，一个革命者，既要有坚定正确的政治方向，又要有灵活应对变化的机智能力，在斗争中不失原则、不失底线，保存实力，待机再起，才能变被动为主动，这是斗争的艺术。

新出版业的组织者

1942年，黄洛峰回到重庆。对整个出版战线进行了认真的考察和分析，认为要扭转国民党既定的出版界格局，必须团结所有受压制而对现状不满的出版社和书店，以适当的形式组织起来，同当局者进行合理合法的斗争。

他在多年后的一篇回忆文章中写道：“为了打开局面，我们着重在出版界搞统战工作，以‘出版分工，发行合作’的口号，团结和争取中间书店，同国民党作各种合法斗争。”经黄洛峰的说服和争取，1943年冬天，通过座谈，逐步形成以3家革命书店为核心的经济实体。在自愿的基础上，23家出版社联合起来，组成了一个“新出版业联合总处”，组成联营书店总店，黄洛峰担任董事长。该组织一成立，就向国民党当局展开了斗争。在《大公报》上刊登《出版业的呼吁》，要求排除出版业发展的障碍，要求取消邮寄限制，平价供应纸张等，斗争迫使国民党中央宣传部门召开座谈会听取意见，参加的出版社和书店达50多家，在此情形下，又成立了联营书店，并在重庆、成都等地成立了分店。

为了扩大新出版业联合总处的影响，黄洛峰与张静庐、金长佑、姚蓬子、田一文、唐性天五人联名在1944年4月15日桂林《大公报》的“读者投函”刊登《出版界的困难》，反映了重庆出版业的恶劣境遇和出版界的焦虑，列举了当时纸张、印刷工价等情况，向国民政府提出供应平价纸张、印刷价格应由同业公会公开评定，取消增加印刷品邮资的寄递办法，国家银行设立出版业文化贷款等要求，得到了广大社会人士的同情和支持。

讀者投函

出版界的困難

1944年4月15日，桂林《大公报》刊登的《出版界的困难》

黄洛峰开拓的这个新阵地，是比原来的生活、读书、新知更大的经济实体，是范围更加广泛的社会论坛，团结面扩大了，凝聚力增强了。把这支队伍组织起来，是为了中国新文化出版事业的振兴和繁荣，是对摧残文化的落后反动势力进行的不懈努力和斗争。他用历史的、唯物的眼光和思维向同业们指出："我们之所以能够站得住，也能打出去，就在于我们有一致的目标。我们这代人搞的出版事业，要经得起时代的考验，要对得起我们的子孙万代，出版物是会流芳千古的！"

在几年的时间里，经过黄洛峰的努力，通过联营书店这一组织形式，向各单位的参加者展示了生活、读书、新知三家书店的风范，传播了影响，宣传了党的主张和政策，并为之组织了各种形式的一系列的斗争。他广交朋友，组织协调能力得到充分的展现，提高了他在中国文化出版界的声望，使广大的出版工作者愿意同他接近和交谈，也愿意听取和接受他的意见，用出版界人士常说的话，从他那里得到了很多帮助，在业界大家都十分亲切地称呼他为"我们的黄老板"。

1945年10月19日，重庆文化界人士在白象街西南实业大厦举行鲁迅逝世九周年纪念大会。周恩来在会上发表了讲话，他谈到，抗战胜利了，民主革命的任务尚未完成，每个文化工作者，在这个大时代中，跟政治跟革命的进展是息息相关的，是无法分开的。他认为文化建设是重要问题，在协商国是的时候，应当有文化界的代表人物参与发表意见。希望文化界朋友能有意见和主张提出来，希望能听到这种意见并反映到即将召开的政治协商会议之中，以至能反映在将来的施政纲领和宪章中去。最后他号召，文化战线要扩大，文化工作者要用愚公移山的精神去动员广大民众为民主主义的文化而奋斗。

周恩来的讲话，进一步激发了文化界人士对中国前途和命运的关心。业内人士纷纷集会，积极响应这个号召，一致要求当局立即取消对文化出版界的各种限制和束缚，扶助其发展。并请政协代表郭沫若将业内人士意见带到政治协商会议上去。

在重庆的出版界，由新出版业联合总处召开集会，决定以出版业名义向即将举行的政治协商会议提出建议，并公推黄洛峰主持此事。在黄洛峰的主持下起草了文件并进行签名工作，在沈钧儒先生和几位进步律师的帮助下，起草了一份《重庆出版业致政治协商会议意见书》（以下简称《意见书》），《新华日报》1946年1月9日全文刊登了《意见书》。《意见书》共分五个部分，第一部分对时局提出了四条意见：停止内战，修改“五五宪草”，改选国大代表，各党协商拟定共同施政纲领，组织联合政府；第二部分对现行出版法规，提出了五条意见：废止出版法，取消期刊登记办法，撤销收复区检审办法，明令取消一切非法检扣，取消寄递限制。这一部分充分反映了出版界人士的集体智慧。文化出版界的各种意见和呼吁，在政协会议前都做了充分地梳理和汇总。希望国共会谈之后的政协会议，成为和平、团结、民主的会议，是个令全国人民欢欣鼓舞的会议，为此，各界人士尽自己的努力将人民的心声转达到政协。在重庆文化艺术界、出版界七个团体举行的茶会上吴玉章谈到，文化界对国家民族所负的责任是极其光荣的，文化界过去领导过许多伟大的运动，今天文化界的呼声，也是全国人民的呼声，他表示将把文化界的意见反映到政协会议上去。

1946年1月10日，政治协商会议在重庆召开，各方代表共36人，分别代表了中国国民党、中国共产党、青年党、民主同盟、无党派人士五方。蒋介石首先致开幕词，许下保证人民自由，承认党派合法地位，实行普选，释放政治犯等四项诺言。周恩来接着蒋介石致词，他表示中共代表愿以极大的诚意和容忍，与各党代表及社会贤达共商国是，努力合作，并愿为实现蒋介石提出的四条权利而奋斗。

黄洛峰对这次政协会议非常注意，集中精力研究了各界的意见，对蒋介石的四项承诺逐条作了分析和估计，若是按“双十协定”以来的实际情况来解读，这就是欺骗全国人民的谎言，所以周恩来所说的“愿为实现这四条权利而奋斗”，真是一针见血，实际上他是动员人们起来为实现人民自己的权利而督促蒋实现其诺言，不然就会变成十足的空话。黄洛峰一面同出版业的人士交流，一面向出席政协会议的参政员们了解情况。1946年1月16日出版的《民主生活》第二期上，发表了黄洛峰《除去言论自由的障碍——废止出版法》一文，得到出版界和进步人士的大力支持，《新华日报》发表了《打破法西斯的出版法》的社论，黄炎培联合了10多家杂志发表“文稿概不送审”的声明，郭沫若、沈钧儒、茅盾、叶圣陶等也都写了文章支持，继而各地新闻、出版、文化界都积极行动起来，展开了一场大规模的“拒检运动”，迫使国民党当局撤销了实行14年之久的对新闻和图书杂志的审查制度。

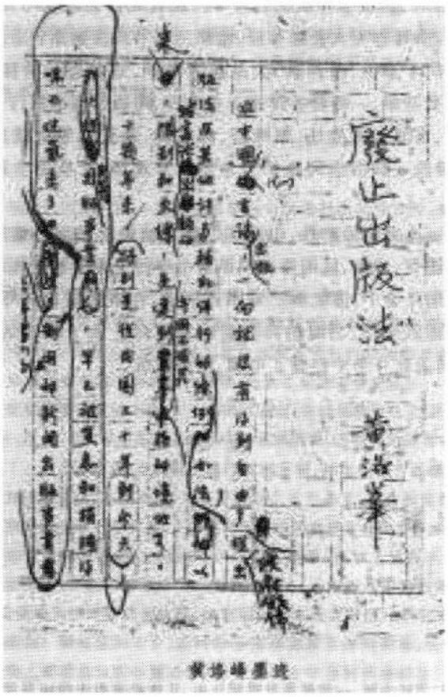

黄洛峰《废止出版法》手稿

六　开创三联时代

在中国，有这样一个文化品牌，在一个上下椭圆的图案中，三个劳动者挥锄扬镐，同心协力开垦着知识的处女地，在劳动者的斜上方有一颗光芒普照的五角星，既是昼夜劳作的象征，也寓意着黎明与进步。在劳作者下方是一条代表着大地的横线，横线下写着“三联书店”。黄洛峰在香港完成生活、读书、新知三联书店的筹组，浇灌了自己的心血。他把《资本论》的广告做上了国民党“中央日报”。

重庆三联

1945年10月22日，为适应新的形势需要，在长期紧密战斗、相互支持、相互配合、相互帮助的基础上，生活、读书、新知书店从组织方面有了进一步联合的要求，三家决定合并成立“生活·读书·新知重庆三联书店”（以下简称“重庆三联”）。“重庆三联”书店的成立，对进步出版业是一个很大的鼓舞。无论理想与志趣，还是实际的人脉网络与出版资源，三家出版社有着天然的融通性。

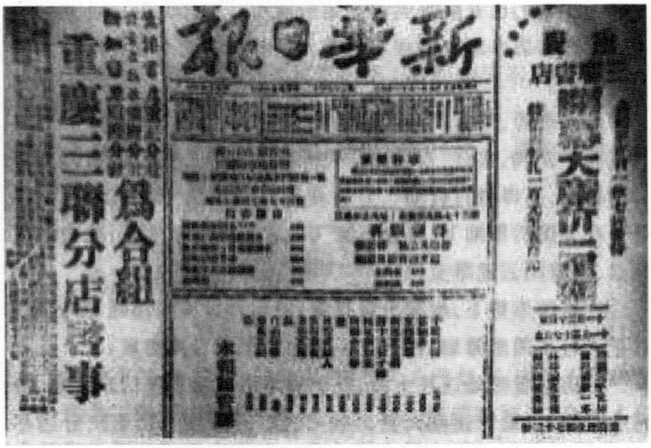

生活、读书、新知合组重庆三联书店启事

“重庆三联”的成立是三联书店历史上的一件大事，更是中国出版印刷史、文化史上的一件大事，对三店是一个重大转折，为其后的发展奠定了坚实的基础。多年以后，黄洛峰向三联书店的骨干反复强调，没有中国共产党的领导，三店就不可能成为国统区进步文化的堡垒。

早在20世纪30年代的上海，中国共产党党员通过个人在三店发挥着作用；在抗日战争爆发后，三店迁到武汉，即在中共中央长江局领导下发挥作用；到重庆就在南方局领导下开展工作。1940年，三店共同派人到延安、太行开办华北书店，就是按毛泽东和周恩来的指示执行的，那是第一个三联书店，只是当时没有用三联书店这个名字；“皖南事变”后，三店一同遭到破坏，受到落后和反动势力的摧残，命运使三家书店在斗争中成为患难兄弟，在黄洛峰的领导下克服了许多困难，取得了不少经验，奠定了很好的思想基础。三家决定合并成立“生活·读书·新知重庆三联书店”的决定，既符合中国文化发展进程要求，也符合中国文化界的愿望。三店联合方针决定之后，由邵公文负责起草联合机构的各种规章制度草案；仲秋元负责成立联合出版部，参加出版部的还有范用、何理立。三店新收书稿一律交出版部，重版书仍由三店各自印刷；三店的三个门市部照常营业，但业务活动联合进行。

联合出版部开始工作之日，正是毛泽东到达重庆进行国共谈判之时。抗战胜利后，全国人民要求和平，反对内战。中国共产党从国家和民族的长远利益出发，提出了“和平、民主、团结”三大口号。蒋介石打内战的决心已定，但他要放手发动全面内战还有许多困难，特别是他的精锐主力仍远在西南、西北地区，运送这些部队到内战前线需要时间。为了给调兵遣将、部署内战争取时间，蒋介石于1945年8月间三次致电毛泽东，邀请毛泽东到重庆“共定大计”。

8月28日上午，毛泽东、周恩来、王若飞在美国驻华大使赫尔利、国民党代表张治中的陪同下，乘飞机到达重庆。到机场迎接的有蒋介石的代表周至柔以及重庆各界知名人士邵力子、张澜、沈钧儒、左舜生、章伯钧、陈铭枢、黄炎培、郭沫若等。《大公报》记者在报道中这样写道：“几百个爱好民主自由的人士都知道这是维系中国目前及未来历史和人民幸福的一个喜讯。”

毛泽东在机场向记者发表书面谈话：“现在抗日战争胜利结束，中国即将进入和平建设时期，当前时机极为重要。目前最迫切者，为保证国内和平，实施民主政治，巩固国内团结。”中国共产党代表团赴重庆这一行动向国内外宣告：中国共产党是真诚地谋求和平的，是真正地代表全国人民的利益和愿望的。

毛泽东等到达重庆，受到各阶层民众的热烈欢迎，在国内外引起巨大反响。民主人士柳亚子赋诗称颂毛泽东亲临重庆的行动是“弥天大勇”。重庆《大公报》发表社评说：“毛先生能够惠然肯来，其本身就是一件大喜事。”抗战胜利后，“我们再能做到和平、民主与团结，这岂不是国家喜上加喜的大喜事”！《新华日报》发表四位读者来信说：“毛泽东先生毅然来渝，使我们过去所听到的对中国共产党的一切诬词和误解，完全粉碎了。毛先生来渝，证明了中共为和平、团结与民主而奋斗的诚意和决心，这的确反映和代表了我们老百姓的要求。”

在谈判期间，中共代表团广泛地进行了争取团结各方面和平民主力量的工作，会见了大批国民党各派代表人物、民主党派负责人和社会知名人士。毛泽东在重庆的43天中，除主持谈判外，还同各界朋友进行了广泛接触。他会见了宋庆龄、冯玉祥、谭平山、柳亚子、张伯苓，民主人士张澜、沈钧儒、罗隆基、章伯钧、黄炎培，社会知名人士郭沫若、章士钊、马寅初，国民党军政要员孙科、于右任、陈诚、白崇禧等，还会见了苏、美、英、法等国的驻华使节，反复说明中国共产党的基本主张。周恩来也多次举行有各民主党派和国际人士参加的座谈会，与各界代表交流对谈判的意见。这些活动，使中国共产党的立场得到各民主党派和各界民主人士的普遍同情和支持，这些同情和支持，是促进这次国共谈判取得某些积极成果的一个重要因素。

经过43天的艰苦谈判，1945年10月10日，国共双方代表签订《政府与中共代表会谈纪要》（即“双十协定”），并公开发表。国民党政府接受中共提出的和平建国的基本方针。双方协议“必须共同努力，以和平、民主、团结、统一为基础”，“长期合作，坚决避免内战，建设独立、自由和富强的新中国”。双方还确定召开各党派代表及无党派人士参加的政治协商会议，共商和平建国大计。这就是重庆谈判最重要的两项成果。重庆谈判的举行和双十协定的签订，表明国民党方面承认了中共的地位，承认了各党派的会议，使中国共产党关于和平建设新中国的政治主张被全国人民所了解，从而推动了全国和平民主运动的发展。

参加重庆谈判的中共代表团在为中国人民争取和平建国大计的同时，也积极的进行文化宣传。代表团把从延安带来的书稿交给了黄洛峰，在书稿中就有《毛泽东印象》，另一本就是许多名家写的政论集《反对内战》，拿到书稿后，黄洛峰认为应当很快出版，就抓紧组织相关力量和有利时间开展出版工作。

三家书店共同成立的联合出版社，以人民出版社的名义，出版了一套《人民丛刊》，《丛刊》首卷以《毛泽东印象》为书名，扉页配有毛泽东参加谈判飞抵重庆时与周恩来、赫尔利等在机场的合影。

经过黄洛峰等人的努力，《毛泽东印象》一书在“双十协定”签定当日出版发行。当时毛泽东还在重庆，在重庆的中共代表团和毛泽东个人起到了很好的广告宣传作用，读者踊跃购书的情景传为佳话。这部书的出版，把毛泽东人民领袖的形象，生动而丰富地展现给

由埃德加·斯诺所著的《毛泽东印象记》

了国统区的人民，使更多的民众加深了对解放区民主建设的成绩和中国共产党和平、民主、团结主张的了解，成为配合重庆谈判对群众进行教育的生动教材。

《反对内战》一书是在“双十协定”遭到破坏，国民党顽固派准备发动内战之机出版的，出版和发行都引起很大的震动。这两本书，都是出版几天之内就销售一空，立即再版供应市场。这是在中国大转型期，起到了较大政治影响的两本书，赢得了广大读者的欢迎，为中国的和平民主运动吹响了前进号角。

重庆的民生路，是一条值得纪念的路。毛主席到重庆这天，民生路放了四幅很大的毛主席像，《新华日报》门口放置一幅，生活书店、新知书店、读书出版社门口各放一幅。而且在书店门口还贴出了三联书店用人民出版社名义出版的《毛泽东印象》一书的广告，当时在重庆震动很大。

历史研究者们已经注意到，《毛泽东印象》和《反对内战》这两本书的出版，没有用三家书店的名字，而是用了一个意味深长的名字——人民出版社。在中华民族历史转折的关头，中国共产党相信已经觉醒了的中国人民，相信一切拥护和平建设新中国政治主张的进步力量，用了我党成立初期所办的第一个出版社的名字——人民出版社，寓意我们要争取的是中国人民的胜利，是中华民族的伟大复兴。

在组织《毛泽东印象》和《反对内战》两本书的出

版和发行时，黄洛峰深感到历经苦难的中国人民的人心之背向，感到人们对未来中国的新希望和企盼。今天,《毛泽东印象》这本书只能在大型的图书馆、博物馆和档案馆里查到，还有一些在民间收藏家手中，已具有十分珍贵的文物价值。

生活·读书·新知重庆三联书店成立时，专门写了《告同人书》，其中谈道："抗战结束了，新文化事业将步入一个新的阶段，为了完成新形势所赋予我们的任务，我们的事业正在进行着新的部署，用新的作风来迎接这新的时代。""为了集中力量共同努力，生、读、新三个店，有更进一步团结合作的必要。在全国范围内的合作正在逐步研究中，重庆三家分店，经过长时间的考虑和缜密的商讨，决定立即联合经营。""重庆三联的成立，对事业，对我们每一个同人，将是一个新的考验"，"是我们事业新作风的开始"。合作"不是结束，而是团结"；"不是退守，而是前进"；"不是衰老，而是新生"；"不是缩小，而是发展"。最后号召"在团结、前进、新生、发展的道路上，我们应该保持三店的优良传统，为争取三联的巩固和发展，为争取事业的胜利而奋斗"！《告同人书》得到三店同仁的热烈拥护，也得到了广大读者的欢迎。

重庆三联书店得以问世，鼓舞了整个书业界，重庆三联书店作为进步书业的一面旗帜，引领着国民党统治区的文化出版业。在"双十协定"和政治协商会议前后，由重庆三联书店总经销的刊物达22种之多。在图书方面，除发行三联的本版图书外，还承担着21家进步出版社在重庆和西南地区的总经销任务。重庆三联书店能得到作者、读者和同业们的欢迎和认可，是因为它拥有广泛的发行网络，更因为三联本身的团结、奋进、不断进取的企业精神。

香港三联

1946年10月11日，国民党军进占张家口。蒋介石不顾中国共产党的反对，下令召开“国民大会”，因民盟拒不参加，而由国民党一手包办，于11月15日召开“国民大会”。其追随者只有青年党和民社党，还有少数所谓的“社会贤达”。11月16日，周恩来在南京梅园新村举行中外记者招待会，在会上指出：“国民党当局一手包办的‘国大’，是破坏政协协议，违背全国民意，是企图使独裁、内战、卖国‘合法’化的分裂的‘国大’，中共坚决反对，决不予以承认。”19日，中共代表团离开南京飞返延安。1947年3月1日《新华日报》停刊，7日董必武率京、沪办事处工作人员飞返延安。国共两党间的和谈大门由国民党全部关上了。

1947年初，根据形势，黄洛峰预计到国民党挑起内战势必再次摧残三联书店，为向海外拓展业务，到香港去设立机构是不容拖延的。于是他派倪子明、汪静波去香港先办读书出版社分社。同时，生活书店、新知书店也在香港建立了机构。

1947年10月9日，国民党中央社发表了国民党中央宣传部副部长陶希圣的答记者问，陶声称："近来出版事业颇见萧条，但市间充斥黄色书刊及共产党宣传书刊，两者同为麻醉青年之毒物，新知书店、读书出版社刊订共匪书籍尤多。"面对日益险恶的形势，黄洛峰决定其重心由上海转移至香港，以利其向解放区和海外发展，上海只留少数人做好应变准备。11月，黄洛峰离开上海赴香港。

1948年2月12日，国民党上海执行委员会发出"藉共匪宣传机构名义"查封生活、读书、新知三店的密令，三店不得不紧急应变，决定迅速同时撤离，并告读者迁往香港。在香港三联书店的党组织改为由中共港澳工委领导，黄洛峰的组织生活，不再是单线联系，而是同胡绳、邵荃麟、徐伯昕、沈静芷等在一个党支部里学习、讨论和工作。在中共港澳工委文委领导下，黄洛峰与胡绳、邵荃麟、徐伯昕、沈静芷反复酝酿、讨论，总结过去，展望未来。生活·读书·新知三联书店临时管理委员会于1948年10月26日在香港召开全体人员大会，宣布生活·读书·新知香港三联书店成立。推选

黄洛峰（中）、徐伯昕（右）、沈静芷（左）主持三店合并成立三联书店

黄洛峰、徐伯昕、沈静芷等组成临时管理委员会，黄洛峰任主席，徐伯昕任总经理，沈静芷任副总经理，万国钧、薛迪畅任协理。三家出版机构合并的大会，实际也是书店出版人开赴解放区前的誓师大会。三店合并完毕，在党的指示下，绝大多数人员进入解放区，进入北平。三联书店总管理处随即也由香港迁至北平。至此，揭开了有深厚历史传统和强烈人文精神的三联发展的新序幕。

当读书出版社即将并入三联书店之际，读书出版社给每个职工发了一项特殊的纪念品，就是读书出版社出的最重要的书——《资本论》。这件事，在当时也许太过于平常、太过于普通，人们没有太在意，但所有读书出版社的成员却终生难忘，文化和传统就这样在无声无息中传承着，不是急风暴雨，而是涓涓细流，细润无声，不知道今天还能否寻找到这部已经成为重要文物的科学书籍？

对于生活、读书、新知三店的成功合并，黄洛峰认为，从根本上讲，三店都是中国共产党领导的书店，是中共南方局和周恩来同志长期扶持、帮助、教育的结果。他在一份材料中专门写过关于三联书店“党的领导”的问题：

1935年党中央提出抗日民族统一战线的伟大号召之后，三家书店配合当时蓬勃兴起的救亡运动，在出版的书刊上，宣传了抗日民族统一战线，抗战救国，在政治上跟着党走，这是在党领导影响下的一个开端。抗战爆发后，1937年冬，党在武汉公开成立了八路军办事处，这时新知书店接受党的任务，用“中国出版社”的名义，翻印延安出版的书刊，读书出版社总经售在武汉出版的党刊《群众周刊》，后由生活书店总经售，为党做了一些出版发行工作。

1940年周恩来同志在百忙中召集三家书店负责人开会，亲自给予指示，要三家书店合作到延安、太行开办华北书店，并由党拨给华北书店一些流动资金，这就是三店公私合营的开始。皖南事变以后，国民党反动派疯狂镇压三家书店，重庆以外的分支店统统被封门或勒令停业，有的地方还抓了人，三店损失很重大。在这个严重关头，南方局对如何对付国民党反动派的压迫，及时给三家书店很多指示，三店才能分散一些力量去做买卖，很快把人疏散到香港等地向海外发展。如果没有党的领导，那么，三店就很难支持下去。

抗战胜利后，又是在党的领导和支持下，才能到山东、东北解放区设店和经营贸易，业务又才重新活跃起来。在抗战当中和抗战胜利后，党在白区和解放区（除上述外还有苏北、华北）先后几次拨给三店流动资金，是三店在经济上能够支撑下去的一个最基本的条件。总之，如果没有党的领导和支持，三店是不能生存下去的。

对三店的经济性质和资产状况，在合并后，黄洛峰写了一份材料，作了概括：生活书店为合作社性质，书店的新老同仁皆为社员，都是主人；读书出版社虽有若干外股，但股东并未视为私产，不论是先后拿出几万元的郑一斋、郑易里兄弟，或者拿出几十元的普通读者，很少人再向读社收回过钱，读社也从未付过一分股息。艾思奇、郑易里等，连稿费都没有正式付过；新知书店也是合作社性质（内有少部分私股）。三店合并时的资产：

生活书店约占百分之五十几，新知、读书各约占百分之二十几。

三联资金公私的比例，公约为百分之八十，私为百分之二十。

香港生活、读书、新知三店职工开晚会欢庆三店全面合并组成三联书店

黄洛峰等努力创办的三联书店，为中国文化的发展引领了一个新方向。建国以后，三联书店一度和人民出版

社合并，主要出版哲学、经济、历史著作和翻译读物以及内部参考书。在新的历史时期，在出版家范用的带领下，一批脍炙人口的书籍得以出版，他策划出版的巴金的《随想录》，杨绛的《干校六记》等，在当年起到了重要的作用。而1981年出版的《傅雷家书》反复重印，印数已超过百万册。1986年，三联书店恢复独立建制，一部《情爱论》印了120万册。后来出版的《金庸全集》《蔡志忠古籍经典漫画》等港台版书籍更是让三联走上了一条更为多元的道路，改变了被主流文化不耻的武侠小说、漫画等书籍的状况，使这些小说逐渐流行起来。金庸作品被大量出版，三联版的《金庸全集》也成了读者希望收藏的最佳版本。三联书店还出版了诸如《陈寅恪的最后20年》《黄仁宇作品系列》等大量优秀的人文书籍。《陈寅恪文集》《钱钟书集》和杨绛的《我们仨》等一系列高水准的书籍亦得以出版。

香港九龙弥敦道三联书店（1957年）

三联书店自成立之后，发展越来越多元化，但最初三店共同办杂志的传统仍然延续着。1979年创办了《读书》杂志，《读书》一直是中国知识分子十分钟爱的杂志之一，始终拥有一批忠实的读者，是同类刊物中当之无愧的带头刊物。

三联还出版了不少有影响力的杂志。1995年出版《三联生活周刊》，定位为新时代发展进程中的忠实记录者，有中国的《时代周刊》之称。1993年创刊《爱乐》，为国内颇负盛名的唯一一本古典音乐评论杂志，拥有高素质的音乐评论撰稿人，深受古典音乐爱好者的喜爱。创刊于2002年的《竞争力》月刊，是中国加入WTO之后创立的第一份财经期刊，以独家调查、深度分析、客观评述为办刊宗旨，创刊之初已颇具影响力。

从1948年组建香港三联起直到如今，三联出版的书都用着同一个出版标志。

三个劳动者挥锄扬镐，同心协力开垦着知识的处女地。三个站在一起的劳动者寓意三家书店的正式联合。画面上略去原来的弧形光芒，而在劳动者的斜上方增加了一颗光芒普照的五角星，使整幅小图在动态中趋于稳定，动静结合，有一种稳重感。这一小星既是昼夜劳作的象征，也寓意着黎明与进步。在劳作者下方是一条横线，代表着大地。横线下写着“三联书店”。整幅小图构图清新雅致，留白处给人以想象空间，图案的线条流畅简洁，体现了设计者的功力，它作为出版社的标志一直印在三联书店出版的书刊上。

生活·讀書·新知 三联书店
SDX JOINT PUBLISHING COMPANY

“生活·读书·新知”题字

1949年3月曹辛之重新设计的三联书店店徽

三联书店以出版社会科学读物为主，其出版物有专业性很强的学术著作，也有中等程度的知识读物，还有大众普及读物。三联图书具有鲜明的时代特色、扎实的学理功底、丰富的人文关怀和思想智慧。三联以其出版高品位的人文科学专业图书和社会科学的译著图书形成了独特的文化品牌，受到读书界的广泛尊敬，被誉为“中国知识分子的精神家园”。三联书店在中国已不仅仅是一家出版社，它代表着一种文化、一种公共的知识精神。

季羡林曾在一篇名为《我心中的三联“店格”》的文章中写道：“我，作为一个老知识分子，经过了多年的观察与思考，把我心目中三联书店的“店格”归纳为八个字：清新、庄重、认真、求实。”这个“格”决不是一朝一夕一蹴而就地形成的，而是经过长时期的培育和酝酿才逐渐被广大群众所接受的。

非巧合的历史，《资本论》广告事件

在黄洛峰做隐蔽战线文化工作期间，成功地策划并实现了在国民党的《中央日报》上刊登《资本论》的广告，这是一个蕴含着丰富智慧和大胆谋略的文化“反围剿”的成功范例。

1947年2月的南京，以周恩来为首的中共代表团即将撤离，胡宗南几十万全副美式装备的军队已经推进到陕甘宁边区前沿，向延安进逼。各界民主人士有的到了上海，有的去了香港，有的转入了地下。国民党内不少好战分子，声嘶竭力叫嚷着“戡乱”“讨伐”，一时反动气焰十分的嚣张。

就在反动势力不可一世的当口，黄洛峰心中在酝酿着一个大事。2月上旬，陈汝言从南京去上海正风出版总社布置工作。一天下午，陈去四川北路仁智里155号读书出版社看望黄洛峰，黄洛峰与陈汝言谈论当时的形势和工作情况。

黄洛峰说到，政治谈判结束，军事较量加剧，革命出版工作者应考虑如何在文化战线上主动出击，以配合伟大的人民解放战争，打垮敌人的嚣张气焰。晚饭后，黄洛峰告诉陈汝言，《资本论》再版已经修订完毕，准备对外预约，想请正风南京门市部担任预约工作，你看有没有困难？陈汝言意识到这是党对自己的信任，毅然接受了这个任务。

黄洛峰接着问：“有没有办法在南京最大的《中央日报》上刊登一则广告呢？”这对陈汝言来说，是个难题。《中央日报》是国民党“中央”的重要喉舌，受国民党中央宣传部直接控制管理，在此时登刊《资本论》再版的广告是难度很大的。对国民党新闻、报刊检查制度及体系较为了解的黄洛峰接着说，广告属于商业性质，国民党新闻检查的官员们一般不会注意，我们利用这点，在他们反共最得力、发行量最大的御用报纸上刊登《资本论》再版的广告，这就是对敌斗争的手段之一。黄洛峰对旧制度文化管理体系的多年接触和慎重细致周密的分析，启发了陈汝言。

为了顺利地实现这个计划，事先必须充分估计到各种复杂情况，做周密的考虑，采取必要的措施。对此，黄洛峰与陈汝言慎重进行了分析和研究。了解国民党报刊发行与检查制度的陈汝言也谈到，如果拿原稿去登刊，势必要通过划样、排版、校对、制型等一系列工序，这样，环节一多，耳目也就多了，发生意外的可能会随之增加，甚至，计划还可能因此破产并引发其他一系列恶果，情况难以预料。因此，刊登这则广告，必须尽可能减少中间环节，务必使阻力越少越好。黄洛峰同意了陈汝言的分析，当时即安排读书出版社的范用根据《中央日报》的版面格式，设计了一张长方形的约30寸大小的广告稿，排版制型。

黄洛峰告诉陈汝言第二天晚上去取纸型，第二天晚上，黄洛峰把纸型和广告费交给了陈汝言，临别之时，黄洛峰紧紧握了握陈汝言的手，一再叮嘱，千万小心，要见机行事，切不可冒失。

回到南京的陈汝言反复思考了数日，仔细地排了排各方面的关系，最后决定打电话给过去认识的那位《中央日报》广告部的工作人员，约他到家中商量，试探一下他能否帮助实现这个计划。

当时广告员为难地说："《中央日报》是从来不登这类广告的。"陈汝言对他说："这是学术著作，欧美一些国家作为一门政治经济学来研究的。"

广告员说："我纵然同意你的说法，但在刊登过程中要经过各道关卡（即生产中的各道工序），怕也不容易通过。"

陈汝言看出广告员并未断然拒绝，就趁热打铁地对他说："这些情况我早已考虑到了。"于是陈汝言把已经准备好的那张纸型拿给广告员看。此时，陈汝言加重语气说："目前各报馆都在争取广告收益，指定刊登，广告费增加一倍，我们采取这个方式，事情也许更好办一点。"广告员看了看纸型，沉思了很久，然后对陈汝言说："我当尽可能利用各种有利因素，努力去办"。

最后，陈汝言又向他询问了大概什么时候开印？广告员说："如无特殊情况，一般在凌晨3点左右中央通讯社的电讯稿最后截止时，即压型浇版上机印刷。"

陈汝言又问道："机器房操作工人的思想状况怎样？"广告员说："这些人都是浑浑噩噩过日子，只要广告部发下来的（意味着上面已经通过了的），他们一律按照广告部的意思进行工作。" 陈汝言提醒广告员："我们这张广告是有时间性的，如果广告挤，请设法把时间性不强的广告让一下路，尽可能把这幅广告拼进去，如已经浇好了铅版，可挖个相应的地位（即开个天窗），把这幅广告的纸型浇了铅版嵌进去，反正这幅广告已打成纸型，不需要排版，可直接发到机器房。”广告员颔首笑笑，表示领会意思，并约定次日傍晚下班前在广告部等。陈汝言没想到，这位朋友竟如此慷慨地允诺了提出的要求，临别时，陈汝言对广告员说：“这幅广告最好刊登在报名旁边，一切拜托，如不方便，就相机行事，千万不要冒风险。”广告员默默地点了点头，然后诚挚地对陈汝言说：“一切请放心吧！”

中央日報

資本論

發售預約

国民党《中央日报》刊登的读书出版社《资本论》再版的广告

2月19日，陈汝言按时前往，谁知昨天与陈汝言接头的那位朋友外出未归，来了另一位叫奕藩的广告员与陈汝言接洽，陈说明来意后，他言简意赅地对陈汝言说：“一切照办。”陈汝言心领神会，当即把纸型和广告费交给了奕藩，奕藩点过钞票，开了收据，小声对陈汝言说：“明天见报。”陈汝言按捺住心中的喜悦，迅速离开了。

陈汝言回到家中，把事情的经过同妻子谈了，叫她做好准备。两人把手中的文件、书信做了清理，然后离开家，投到一个亲戚那里借宿去了。

第二天清早，陈汝言来到《中央日报》社，看见一些报贩正蹲在报馆大门前的人行道上数点报纸。随着报贩点数的手搓着一份份报纸，他看见报头旁刊登的《资本论》的广告一闪一闪，这时陈汝言紧张的情绪才松弛下来。党交给的任务胜利完成了，心中感到无比的高兴；同时他也意识到，这颗炸弹已经投向黑暗的天空，并且很快将炸响，定会引起国民党当局的追查。陈汝言赶回家中，疏散了家人，匆匆赶到下关车站，买了两份报纸，坐上快车向上海赶去。到达上海站后，他直奔四川北路仁智里，找到了黄洛峰，把报纸交给了黄洛峰。黄洛峰打开报纸，看到广告，紧紧握住陈汝言的手，深情地说到：“谢谢你！这件事干得非常漂亮！”然后，地下斗争经验丰富的黄洛峰一再叮咛陈汝言，为了安全起见，暂时不要回南京去，找个地方隐蔽起来，等风声过去后再说，这是他对同志至诚的关心爱护。

此时，远在重庆的《新华日报》也于2月20日、26日以极其显著位置刊登了范用设计的这幅《资本论》的广告。

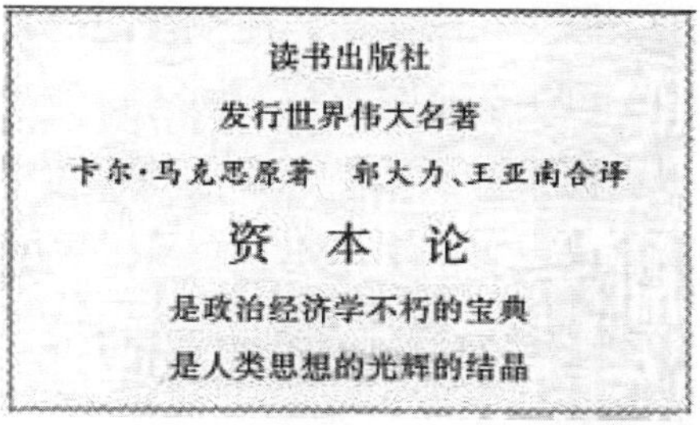

1947年2月《新华日报》头版头条登载的读书出版社范用设计的《资本论》的广告

资本论的产生，正像一个新社会的产生一样，它的一切经过，都是斗争的，革命的，它虽然受到一部分人的嫉恨，但也受到更多人们的欢迎和拥护。它的理论是像钢铁那样紧密，利刃那样锋锐，它的内容是像海洋那样渊深宏富，它的文章又是那样健全，美丽动人。译笔极严谨忠实，而又熟练流畅，早有好评赞誉。本书于二十七（1938）年初版，瞬即售罄，颇多向隅，迭接读者来信，建议再版，终因战时种种条件所限，未能如愿，今兹勉印出版，以应需要，用答读者之盛意。

本书三大卷，两百余万言，唯一的全译本，精印三巨册，用布面精装。

如果有心的文物收集人能同时收集到这一天重庆出版的《新华日报》和南京出版的《中央日报》将是幸运的，因这两份报纸已经是重要的历史档案和重要文物了。因为在68年前，两报在同一天，都把马克思的《资本论》以头版最显著位置向各自的读者群进行了推荐。两家意识形态截然不同的报纸同时刊登同一条广告，特别是在当时国民党的《中央日报》上刊登实属罕见，这在中国文化史上是一件颇有影响的事件。果然，当天上午，蒋介石看到《中央日报》刊登出的广告，下令收回这一天的《中央日报》，并严令追查，但仍然有部分报纸流入社会和读者手中。当时著名的《救国日报》发表社论《中央日报竟为共产党张目》，承认“在国民党的声誉方面和心理方面，招致了不可补偿的损失”。

此时，凡是看到这幅广告的革命者和反对内战的人士，无不感到新奇和欢跃。黄洛峰组织发射的这发炮弹，起到了巨大的作用，在社会上引起了极为强烈的反响。新出版业的同行们对这件事津津乐道，并编写了一副对联——

上联：黄洛峰绝妙设计石头城一弹中的

下联：胡宗南大军压境陕甘宁到处扑空

横批：同时异地

七　在出版委员会

在中国人民取得胜利的前夕，黄洛峰赴西柏坡向中央领导汇报出版工作，受领了“出版工作需要统一集中”的光荣任务，成立教科书编审委员会，在上海成立“上联社”，对私营出版业进行社会主义改造，对解放区和国统区两支出版队伍汇合和合作发挥了重要作用。参与筹备召开了中华人民共和国第一次全国新华书店出版工作会议，他认识到文化事业在社会发展中的特殊作用，是文化自信和先行的践行者。

为集中统一出版发行业奠定基础

1948年黄洛峰奉调北上，于12月离开香港，经安东到达沈阳，在沈阳安排了光华书店业务。1949年1月28日，中央致电东北局称："黄洛峰是调来准备担任中央出版局工作的，望帮助他了解东北及三联两书店的出版情形、干部配备、印刷力量和纸张供求情况，然后要他迅速前来，以便建立中央出版局。"2月上旬，黄洛峰到达北平。

1949年在北平聚会（后排左起：一邹家华、二徐伯昕、六黄洛峰；前排左起：一茅盾、二胡愈之、五沈钧儒）

1949年2月23日，出版委员会正式成立。这是中国共产党出版工作的领导机关，也是全国出版事业的管理部门，属于中共中央宣传部。黄洛峰被任命为主任委员，祝志澄、平杰三、王子野、华应申、史育才、欧建新（后增徐伯昕）被任命为委员。

随着人民解放战争的节节胜利，对各城市的报纸、刊物、通讯社等宣传机构，中国共产党高度重视并有清醒认识。早在1948年的11月时，中共中央就明确指出："报纸、刊物与通讯社，是一定的阶级、政党与社会集团进行阶级斗争的一种工具，不是生产事业"，因而对新闻出版事业的处理，一般"不能采取与私营工商业同样的政策"。在这个问题上，中国共产党的根本原则是：保护人民的言论出版自由和剥夺反人民的言论出版自由。因此，对拥护国民党反动统治的出版事业一律加以封闭和没收，由当地军管会接收，转变为为人民出版服务。所以在解放的大城市，对什么出版机构应查封，什么机构又该保留并扩展，是清楚的。长期从事党领导下的文化出版事业的黄洛峰十分重视对旧有报纸、刊物、通讯社的接管和改造，他认为这些原则应当让参加接管的干部牢牢掌握，不然就会出原则性的问题。

出版委员会的第一项工作，是制订出版事业发展的规划和要求，经过出版委员会委员们的反复酝酿和讨论，拟出了向中央汇报的提纲。1949年的3月，黄洛峰带着拟就的提纲到达河北省平山县西柏坡向中共中央汇报。时任中共中央宣传部部长的陆定一与黄洛峰一道向周恩来汇报了出版战线所面临的形势。周恩来谈到，出版工作需要统一集中，但是要在分散经营的基础上，在有利和可能的条件下，有计划的有步骤的走向统一集中。从西柏坡返回北平后，黄洛峰即和出版委员会的其他同志一起，按周恩来的指示精神，着手进行筹划工作：一是把华北新华书店的出版工作管起来，重点是政策文件、干部读物和教科书等版本的统一；二是在发行方面，原属各解放区的书店，统一于华北新华书店。

1949年5月，华北人民政府成立，教科书编审委员会负责修订或重新编写教科书。7月1日，由出版委员会组织和领导的华北联合出版社（简称北联社）在北平成立。有商务、中华、世界、大东、北新等23家私营书店参加，有新华书店、三联书店投资的公私合营的出版机构，新华、三联投资比例占26.4%,私营书店投资比例占73.6%，这是在建国前夕,黄洛峰组织进行的公私合营的一次新的、大胆的尝试。

继“北联社”之后，又在上海成立了“上联社”。由新华、三联和商务、中华、世界、大东、开明、龙门等62家书店联合组织的上海联合出版社，新华、三联投资比例占20.75%，私营书店投资比例占79.25%。

在中国人民即将取得胜利的时候，党对文化出版业也采取了积极稳妥的政策，对私营出版业的改造，黄洛峰投入了大量的精力和时间。根据党的政策，他结合在重庆、上海等地做统战工作的经验，与原出版业同行负责人多次接触、谈话和解释，使私营出版家们迅速理解和接受党的改造方针政策，为人民出版事业贡献了自己的力量。在全国各大城市的私营出版业相继积极响应，很快地组织起了类似“北联社”“上联社”的公私合营的出版机构。

黄洛峰对解放区和国统区文化队伍的融合和合作起了巨大作用。新中国成立后，两支队伍合为一支队伍，由于长期工作的环境不一样，形成不同的作风和传统，需要彼此之间的了解和支持，需要加强团结和合作，黄洛峰就承担起了这项重要的工作。1949年7月，中共中央发布了《中共中央关于三联书店今后工作方针的指示》，给三联书店的历史地位和作用予以明确结论：“三联书店（生活书店、新知书店、读书出版社）过去在国民党统治区及香港起过巨大的革命出版事业主要负责者的作用，在党的领导之下，该书店向国民党统治区域及香港的读者，宣传马列主义、毛泽东思想和党在各个时期的主张。三联书店与新华书店一样是党领导之下的书店。”这不仅是对三联书店的评价，也是对新华书店的评价，三联书店和新华书店的广大职工都受到极大的鼓舞，以更大的热情投入到新中国的出版事业中去。

历史的盛会——首次全国新华书店出版工作会议

1949年10月3日，中华人民共和国成立后的第三天，出版委员会在北京召开了全国新华书店出版工作会议。参加这次会议的有各中央局的宣传部、各大区新华书店、三联书店、北联社、上联社等33个单位，共165人参会。大会由中央宣传部长陆定一和胡乔木、周扬、胡愈之、黄洛峰、徐伯昕等19人组成主席团。毛泽东主席为这次会议题词："认真做好出版工作"，并于18日在中南海颐年堂接见了与会全体代表，由胡愈之、黄洛峰向毛泽东逐一介绍，毛泽东与大家一一握手，很多人是第一次见到毛泽东，能和领袖握手大家自然异常激动。朱德总司令也十分关心党的出版事业，他给大会的题词是"加强领导，力求进步"，他还在开幕式代表党中央做了重要讲话，朱德谈到，革命的出版工作者，必须时时刻刻牢记，他是对人民负责的，是人民大众的政治工作者，宣传工作者，因此他就首先要向人民大众学习。能够认真向人民大众学习的人，才能够做好教育人民的工作。在这次大会上黄洛峰做了《出版委员会工作报告》，重点是关于新华书店在全国范围内的统一问题。他还讲了解放区和国统区两支队伍的汇合问题，强调互相学习，取长补短，加强领导。19日，在闭幕式上，陆定一部长讲了话，对于这次会议，《人民日报》10月3日、21日先后发表了短评和社论，指出"这是我国人民文化战线上重大的事件之一，它

毛泽东为全国新华书店出版工作会议题词："认真做好出版工作"

标志着全国出版事业适应着新的情况开始走向全国范围的统一。”又指出：“这次会议为迎接我国人民的新的文化高潮提供了重要保证，便于实现人民政协《共同纲领》所规定的‘发展人民出版事业，并注重出版有益于人民的通俗书报’的重大任务。”

建国初期的这次全国新华书店出版工作会议，是一次盛会，是一个让参会者受到教育和启发的会议，是两支队伍胜利会师并向新的领域进军的誓师大会。会议主要议题虽然是新华书店的统一问题，但它所涉及的是全国出版战线的重大问题，既总结了过去，又对即将到来的工作做出新的部署，是承前启后、继往开来的一次重要盛会。毛泽东主席为这次会议的题词，黄洛峰一直珍藏在自己身边，直到后来，中央征集毛泽东的墨宝，他才上交了。今天，人们能在各种媒介中看到毛泽东对这次会议的题词手书，那奔放热情的毛体书法背后记录着这样一段难忘的红色经典故事。

黄洛峰认为毛泽东给会议题词，是整个出版战线的光荣，是鼓励也是督促，值得每一个出版工作者牢记！黄洛峰自己也增加了开拓人民出版事业的信心和力量。会议后，出版委员会就宣告结束，但它所领导的人民出版事业并没有结束，中华人民共和国的建立，需要新的领导机构以政府的名义推动和加强这一项工作。

八　在出版总署

1949年10月，出版总署成立，胡愈之任署长，叶圣陶、周建人任副署长，黄洛峰任出版局局长、党组成员。1950年4月到年底，他又兼任新华书店总管理处总经理。1950年4月，出版总署成立由13个委员组成的“《毛泽东选集》出版印刷发行工作委员会”，黄洛峰任主任委员。1952年4月起任出版总署办公厅主任、党组副书记。这一时期黄洛峰做了大量工作，并起到了关键性作用，做出了卓有成效的成绩。

统一新华书店，实行专业分工

建国以前，由各个解放区自己建立起来的新华书店，由于所处环境不同，管理和组织上有差异，为了适应全国新形势的需要，势必加强统一领导。1950年4月，总署决定成立新华书店总管理处，由黄洛峰兼任总经理，各大行政区成立总分店，各省成立分店，各县成立支店，这是一项非常繁杂的工作，也是一项非常重要的文化基础建设工程，黄洛峰和新华书店的其他负责人反复讨论，共同拟定了步骤和措施，到同年9月底，全国新华书店完成初步统一，全国6个大行政区，加上华南、山东、新疆共建立9个总分店，47个分店，889个支店。

回顾新华书店的发展历史，黄洛峰是感到自豪的。1937年4月，毛泽东为新华书店题店招。1948年12月，新中国成立前夕，毛泽东在河北省平山县西柏坡中共中央

新华书店店招

所在地，第二次为新华书店题写店招。现在全国新华书店的统一店招，就是毛泽东在西柏坡写的。在20世纪的中国，新华书店第一次建立起全面图书发行网络，触角延伸到中国的广大乡村，这是中国文化史上的一个奇迹。新华书店伴随了几代中国人的成长和进步，成为中国人吸取知识，了解和认识世界的窗口，最终成为中国的，也是世界文化的一个品牌。

新华书店统一后，在出版工作方面有很大的发展，成为同时兼营出版、印刷、发行三大业务的庞大机构，但也带来了互相牵制，各处都不便于进一步发展的矛盾，因此，实行专业分工，将出版、印刷从新华书店中分离出来的想法就提到了黄洛峰的面前。

在黄洛峰主持下，经过与各有关负责人商讨，决定成立新华书店总店专门从事发行，人民出版社专管出版，新华印刷厂专门搞印刷，三个独立机构，相互协作，加强联系。做这样的分工后，更加科学合理，有利于印刷、出版、发行工作各自的发展。同时，在出版方面，成立了众多的专业出版社。如工人出版社、青年出版社、人民教育出版社、科技出版社、机械工业出版社、人民文学出版社、人民美术出版社、世界知识出版社、外文出版社、民族出版社、荣宝斋新记等，其出版物相继出版。上海、东北、西北、中南、西南和各省市也成立了出版机构。在发行方面，1949年12月成立统一经营书刊进出口贸易的国际书店。三联书店、中华书局、商务印书馆、开明书店、联营书店5家单位的发行部门联合组成公私合营的“中国图书发行公司”。在这些机构中，主要是国营的，也有公私合营的。

调整公私关系，促进出版事业发展

怎样调整公私关系？怎样改造私营出版业？是当时所面临的重要问题。据1950年3月底的统计，在全国11个大中城市中，私营书店共有1009家，其中出版商244家，当年第一季度内印行的书籍，约占全国出版新书的一半。此外，有很多专门零售的书铺、书摊。如何对待这支队伍的力量，是当时的重要问题，放任不管是不对的，排挤打击也是不对的，需要正确的领导，扶助其发展，发挥其积极作用。可是当时有的地方发生了排挤私营书店，拒绝与之合作的现象。为解决这一矛盾，黄洛峰将反映和收集的材料向出版总署做了及时汇报，引起胡愈之署长的重视。1950年上半年，连续由出版总署出面召开各种工作会议，研究和讨论这一问题。期间，黄洛峰投入筹备第一届全国出版会议，为会议起草了多种讨论文稿。9月15日，出版总署召开了第一届全国出版会议，胡愈之署长在会上做了《论人民出版事业及其发展方向》的报告，报告中特别讲了合理调整公私关系的问题。

1950年10月28日，周恩来总理签署发布了《中央人民政府政务院关于改进和发展全国出版事业的指示》，指示确定了出版事业为人民服务的基本方针，强调：“书籍、杂志的出版、发行、印刷是与国家建设事业、人民文化生活极关重要的政治工作。第一届全国出版会议决定本着‘统筹兼顾、分工合作’的原则调整公私出版业之间的关系，并逐渐消除出版发行工作的无组织、无计划的现象，以求有计划地供给人民所需要的各种出版物。这个方针是正确的。”同时，经政务院批准，出版总署发布了第一届全国出版会议的五项决议。

黄洛峰参与筹备的第一届全国出版会议，吸收了私营出版业代表参加会议，共同讨论研究问题，通过会议向全国私营出版业指出其为人民服务的方向，帮助他们调整业务范围，推动他们自愿组织联营。上海是私营书商集中的地方，搞儿童读物出版的单位联合成立了“童联”，出版连环画的各个单位联合成立了“连联”……同时对私营出版社的出版物进行监督治理，对那些粗制滥造、质量低劣的图书给予批评，加强书刊评论，对其严重错误的书籍则采取行政措施予以停售处理；告诫私营出版业要遵纪守法；对私营出版业中具备公私合营条件的，在自愿的原则下，进行公私合营。

统一书价，统一重要著作版本，大量出版马列、毛泽东著作

书籍定价直接关系着读者的负担，过去由于书价不

统一，地区不同，价格不同。一本书从大城市出版，由书店运往附近即加价一二成，送往边远地区要加价至原书价的几倍，为防止这种不合理的现象以及商贩们的过度投机活动，出版总署于1950年起做出统一全国书刊定价的决定，规定同一种书刊，在全国任何地区均按出版社的统一定价出售，不得任意加价，这是一项惠及千百万读者的大好事。

中华人民共和国成立后，以马列主义、毛泽东思想为指导思想，出版机关的主要任务是围绕这一中心来做好宣传。马克思、恩格斯、列宁、斯大林和毛泽东的著作，以及党和国家的政策性书籍，都是广大干部和知识分子、工人、农民所急需的。黄洛峰做出版工作以来心中有一个愿望，那就是让马列主义、毛泽东思想占领中国的出版阵地，用新民主主义文化去感染和吸引广大人民群众。1952年，全国出版了各类图书13692种（其中初版7940种），总印数78566万册（张），同新中国成立前出版图书最高年份的1936年相比，品种数增长了45%，册数增长了341%。

黄洛峰为新版的《毛泽东选集》的出版投入了较大的精力。抗美援朝局势初步稳定后，毛泽东腾出手来集中精力和时间完成了《毛泽东选集》的选编、修订和注释工作。1951年建党30周年前后，出版了新版的《毛泽东选集》第一卷。担任中共中央宣传部出版工作委员会主任、中央人民政府出版总署出版局长、《毛泽东选集》出

版印刷发行工作委员会主任的黄洛峰，从领导的角度，是出版新版的《毛泽东选集》第一卷的第一责任人，付排、校对、准备纸张、安排印刷、设计装帧、组织发行的每一个环节黄洛峰都亲自过问，毛泽东看清样时反复修改，付排校对也反复多次。

《毛泽东选集》第一卷

《毛泽东选集》第一卷的出版发行，是黄洛峰在任上最重要的一件事，他是怀着对世纪伟人的热爱和崇敬，去完成此项光荣工作的。对书籍十分热爱的黄洛峰还收藏了《毛泽东选集》第一卷的特制精装本一套，此版本当时只印了数百本，分送当时的中央委员，他十分珍惜这套书，此书伴随其终生。当时有人批评印刷这样的本子太豪华，是浪费，其实对有重大历史意义或重要科学价值的书籍另印制精装本在出版界是一个传统。为此，黄洛峰还亲自到中国人民银行总行申请特批了数十两黄金用于《毛泽东选集》精装本的封面镀金，封面和版式设计都由他亲自把关。他的努力和所获得的成果已成为红色文化的一部分，也成为了中华民族文化的一

1951 年版布面烫金字精装版毛泽东选集

1951 年 10 月发行《毛泽东选集》第一卷

发行《毛泽东选集》第一卷的报纸消息

部分，他在传承红色文化，把毛泽东思想向全中国、全世界宣传做了重要的工作。

九　创办文化学院

黄洛峰对文化重要性的认识来源于长期文化工作的实践。经济仅能给一个民族带来富裕，只有文化才能给一个民族带来尊严和希望。文化的力量渗透于社会各个方面，文化的作用是无边的、无形的、无限的、无极的。文化力对经济建设起先导作用，对思想建设起感化作用，对环境建设起辐射作用，对人才成长起催化作用。黄洛峰以高瞻远瞩、坚韧不拔之志，力主创办文化学院，培养新中国的文化干部。

文化人对文化的认识，文化是有力量的。

文化就是以文化人，教育人，给人以启蒙和智慧。黄洛峰长期从事大众文化工作，积累了丰富的实践经验，对中国社会和人民有深刻的了解和深厚的感情。到日本留学的经历，让他看到明治维新后日本的发展和进步及中、日文化和科学的差距所在，经历过苦难、战争和政治运动，让他对国家的文化观念有较高层面的认识。

黄洛峰认为文化是渗透在千百万人心中的价值观、道德观、审美观，而且能转化为一个民族的生活方式、思维方式和行为方式，进而转化为一种推动社会前进的力量。同时，文化又是一种看不见的力量，是一只看不见的巨手。文化决定着人们的价值观，左右着人们的行动。一个国家的文化，从一定意义上来说，决定着一个国家的命运。各个国家的文化不同，因此各国的思维也不同，社会发展所做的选择也不相同。

受中国传统文化教育和影响的黄洛峰认为文化是一个民族传承绵延的精神血脉，是形成民族归属感、认同感的精神纽带，是孕育民族气质品格的精神基因。文化是无形的，但文化塑造的人与社会却能产生无穷的力量，文化的变化导致了民族与世界的重大变化。民族的凝聚力和创造力是民族生存和发展的基本能力。一个民族具有强大的凝聚力，就能够在任何艰难困苦的形势下，保持团结统

一、共同奋斗，表现出深厚而强烈的爱国主义精神；一个民族具有强大的创造力，就能够不断保持创新优势，创造出新的产品、新的财富、新的文明。文化是民族凝聚力和创造力的重要源泉，文化的力量深深熔铸在民族的凝聚力和创造力之中。

回望历史，考察现实，文化是民族凝聚力和创造力历史的和现实的基础。历史的文化发展成果，如哲学、宗教、道德、文学、艺术、科学等，成为民族的文化传统，塑造着该民族的民族精神、价值观念、思维方式、审美标准、科学素养等；现实的文化发展成果，凝结着时代精神，反映了社会进步，聚焦于实践课题，推动了文化创新，成为民族凝聚力和创造力新的源泉。

民族的文化积淀越深厚，文化精神越先进，民族凝聚力和创造力的源泉就越丰富、越能持续。现代社会，世界范围的物质产品消费愈益同质化，科技创新传播愈益共享化，而文化的独特性使得文化对于民族凝聚力和创造力的塑造作用愈益重要。

黄洛峰的一生经历了新民主主义革命、社会主义革命、社会主义建设和改革开放初期，是中国共产党倡导的先进文化的践行者。中国共产党既是中华优秀传统文化的忠实传承者和弘扬者，又是中国先进文化的积极倡导者和发展者。中国共产党历来重视运用文化引领前进方向、凝聚奋斗力量，团结带领全国各族人民不断以思想文化新觉醒、理论创造新成果、文化建设新成就推动党和人民的事业向前发展，显著增强了民族凝聚力和创造力，充分显示了文化的重大作用和力量。在中国传统的社会中，文化的传承是由大众教育来完成的，没有专门的学校来传授文化知识和技能，在黄洛峰的心中一直有一个情结，那就是要办一所党领导的文化学院。

务实的教学规划

1958年9月，黄洛峰受文化部党组的委托，筹办文化学院，他被任命为院长兼党委书记。这是同中央戏剧、电影、美术、音乐学院一样直属文化部领导的一所学院。文化学院还兼有文化部党校的性质，负责文化系统科、处级以上干部和在职干部的培训工作。文化学院设置了当时其他高等院校没有设置的出版、文物、印刷、发行、群众文化等专业，以培养相应的人才。

文化学院选址在北京西郊罗道庄翠微路农业大学旧址。文化学院的筹办过程，正是处在三年困难时期，给黄洛峰的工作增加了特殊的困难，但黄洛峰没有被眼前暂时的困难所吓倒，勇挑重担，带领一帮人勇敢向前闯。

首先是学院的规划问题。他从文化部有关司局内部着手，逐个接触、交谈、酝酿、讨论，使各有关部门了解现有条件，提出符合实际的专业设置计划和远景设想，防止过高过大，要具有可操作性。将各方初步的设想集中起来，由院内领导层和专家进行认真讨论，拟订方案，再报文化部党组核准后实施。文化学院计划7年内逐步设7个系，共22个专业，一般期限4年，个别5年，也有2年的。在黄洛峰热情、坦诚的相邀下，各路人才汇聚于文化学院，为培养青年文化人才而尽力。

开办各种专业研究班并编写教材

黄洛峰是一个实干型的人，是说干就干的人。在教学过程中，从短训班开始，并办了轮训在职干部的出版发行研究班、印刷研究班、图书馆工作研究班、群众文化工作研究班、文物博物馆干部学习班、艺术干部学习班等，先易后难，从打基础开始，逐步累积经验，选送的学员是各省市出版社社长和总编辑、省新华书店经理、印刷厂厂长和车间主任、图书馆馆长、文化馆馆长、剧团团长等，这是一批具有理论、政策水平和相当工作经验的实际工作者。

创办文化学院没有现成的教材，具有开拓思想的黄洛峰主张自己编写教材，以补前无古人、无可借鉴之缺。有些专业，因初次开设，问题特别突出，编写者感到疑难和困惑，黄洛峰以深邃的历史视野强调："正是因为没有前人的著作，才有我们编书的必要。我们从事这项工作的人不写，又靠谁来写？我自己也动手写，写了再讲，讲了以后再来充实再来完善，要有自己的文化自信心。现在资料有一些，大家的实践经验就是丰富的活资料。"

在编写教材中，他鼓励学员破除迷信，解放思想，要有第一个吃螃蟹的人的勇气，不要想着一次做到完美，路是一步一步踏出来的，人走得多了就成了路，大家大胆地去试验和探索。由于有宽松的、积极的、创新进取的教学氛围，整个学院的教职员工的积极性得到调动和发挥。于是，在黄洛峰的带领下，大家先拟提纲，集体讨论，然后分头执笔，汇集整理形成书的初稿，有了初稿，就有了讨论、完善、提高的基础，一次、两次，反复多次，每次都有加深，都有提高，这既是学习深化认真钻研的过程，也是教材逐步条理性、系统性的过程，同时还是集体智慧凝聚和形成的过程。在黄洛峰的组织下完成了《图书出版工作概论》《图书发行工作概论》《怎样做好基层书店的领导工作》《博物馆工作概论》《社会主义图书馆学概论》《群众文化工作概论》等教材，当今天的人们看到这些已经发黄的旧教材时，要看到先辈的奋斗和努力，要看到他们的文化自信心和基本价值取向，这是一批我们自己的东西比外来的东西多、中国元素比外来的概念多的好教材。

黄洛峰为了提高学院的教学质量，亲自出面约请兄弟院校的教员兼课。通过艾思奇请了中央党校哲学教研室的教师来讲授哲学；通过胡愈之得到吴玉章的支持，请人民大学政治经济学教研室的教师来讲授政治经济学，并请人民大学代培青年教师。还请了老作家、老编辑如叶圣陶、王力、陈原、陈翰伯、金灿然、周振甫、王任叔等到院讲授编辑工作的理论和经验。黄洛峰自己讲授《中国现代革命出版史》。

在教授基本理论、基本知识的同时，黄洛峰认为，文化学院应当成为文化学术活动的一个学府。因此，他经常举行学术报告会，请著名学者、专家来校做各种专题报告，他出面邀请了茅盾、钱俊瑞、胡绳、翦伯赞、冯定、孙定国等，文化学院的学术研究气氛得到提高，学术界增添一个新讲坛，也得到了社会上的赞许。这些名家大家来校讲课时，对工作具有前瞻性的黄洛峰，动员组织文化学院在职教员和准备以后任教的大学生都去听讲座。黄洛峰觉得只有开门办学，发扬优良传统，对整个学院的发展和提高才有促进。经过努力，大大增强学院领导和教师办好教学的信心。他的开放性和包容性是超前的，他的大学教育观也是与时俱进的，更显示他作为中国传统士的风范的另外一面，兼容并包，达观天下。

黄洛峰抓教学，是从抓教员备课和讲课抓起；他抓学员学习，是从抓辅导、抓夜自习抓起；他抓学员生活，是从抓课外活动、抓学生食堂抓起。他深信，不是参与者就不会了解到第一手材料。他重视教育和生产劳动相结合，文化学院规定每星期有半天劳动课，由教师带领学生到附近生产队劳动或在学院农场种蔬菜、花生等，院长、科室和各系负责人和学生一起劳动，当时国家处于困难时期，这有助于改善伙食。他把中国传统耕读精神贯穿在当代社会，他没有忘记士的优良传统和价值取向。

文化学院规定，由两位院长带头，各处、室、系、科负责人均住在学院，假日回家。同事们住在一起，朝夕相处，相互沟通，遇事随时商量予以处理，不致久拖不决。到1960年秋，文化学院初具规模，全院有教职员工300余人。除继续开办干部轮训班外，建立了马列主义基础、编辑出版、印刷工艺、博物馆学4个本科系。并设立了相应的专业，招生按期开学。

要有勇气去克服困难

黄洛峰那清癯的身材，平易近人的言容气度，令学员和教职工难以忘怀。他给人的第一印象是待人诚恳，不摆架子，与他接触或交谈不会使你感到尴尬和拘谨，觉得他既是你的领导，又是你的师长，其亲切友好又如朋友。

在文化学院学习和工作的人们，都记得他向毕业的学员道别时讲的一番别有风趣的话，他说："山跟山不碰头，人与人总会有碰头的机会，今后如果在什么地方我们相遇，望先向我通个名，打个招呼，说上一声'黄洛峰同志，我是某某班第几期某某学员'，这样，就把我们的关系搭上了，这不是因为我是院长，要你们先向我打招呼，而是每期学员几百人，你们记我一个人的名姓容易，要我把你们每个人的姓名都记准，就是不可能了。这是每当一期学员要离开学院时，我都要讲的'老生常谈’的话．既然讲了，就希望彼此互守信约。”此后黄洛峰终生信守此约，凡到文化部开会、学习的同志他都亲切招呼，和大家聊聊家常，叙叙旧谊。

黄洛峰一生密切联系群众，不但善于接近群众，而且十分谦和，言谈也很风趣，别具说话艺术。他常对学员说，不要对领导抱着神秘感，领导有什么问题缺点，应大胆提出。平时一旦与学员相遇，他总是要和学员打个招呼，说上几句。学员所提意见，哪怕有片面或失当之处，他一般不作解释，总是勉励有关部门努力去做好工作。

黄洛峰的包容性也是博大的，展现了他优雅的士的风范。一次黄洛峰在全院向全体学员做报告时，在谈到一个人遇到困难要顶得住，要有勇气有耐力去克服困难时说：“有些事急于求成不行，就得准备磨，我们不是跟蒋委员长磨了几十年，也磨过来了吗？”谁料后来竟有一个学员对他提出质问，说他“丧失立场，竟将一个人民的公敌称作委员长”！黄洛峰还未来得及解释，全场已哄然大笑，黄洛峰也随之一笑作罢，没有再继续往下讲。

黄洛峰考虑工作是很周到细致的。文博班的学员中有不少是一些省文化局的局长、博物馆的馆长和一些专家学者、教授，文化学院对这些文化工作者给予了特别的照顾。在文化学院学习结束离院时，黄洛峰做了一件让所有来自基层的文化干部终生难忘的事，即凡是向南走的，都统一由学院买上刚刚挂出行驶的，由郭沫若亲笔提写

“和平号”的卧铺，这趟列车由北京开往广州，全挂卧铺，没有硬座车厢，一切设备较为先进讲究，食品供应也好于特快，黄洛峰理解基层工作的辛苦，理解文化干部所担当的责任，对文化干部给予了极大的关心。在《中国博物馆学》一书整理印刷出来后，黄洛峰特意安排人按照文博班学员留下的通讯地址每人邮寄了两本，包装皮上有他毛笔的签名，这是他长年累月养成的恪守承诺、相互守望的精神再现。

由于黄洛峰身先士卒、严于律己、宽以待人的领导作风，当时文化学院风气良好。黄洛峰和院里一班人，满怀信心，想让文化学院继续发展壮大，发扬特长，把学院办成一所有特色的文化专业学府。但是由于国家处在十分困难的时期，中央决定全面调整，文化部相应收缩工作，文化学院停办。接到停办的通知，黄洛峰的心情是很惋惜的，为填补空白而增设的系和专业，刚刚奠定基础就难以为继了。而如今不仅要由自己说出最不愿说的话，还要说服大家服从上级决定。经过大家讨论，文化学院不能一散了之，要善始善终，学院撤销，而学院创办的事业应当继续，有关专业并入其他院校，人员要妥善安置。

由于印刷系的成立实属不易，在印刷术发明最早的中国，无论如何应当保留培养印刷专业人才的院或系。大家一致意见，设法转移印刷系，文化部同意了这一意见，于是黄洛峰到处联系相关学院，几经周折，终于安置在中央工艺美术学院，印刷系方得以延续下来，后发展成为独立的北京印刷学院。

北京印刷学院的前身是1958年文化部建立的文化学院印刷系。1961年文化学院撤销，印刷系并入中央工艺美术学院，并更名为印刷工艺系。1978年经国务院批准，在中央工艺美术学院印刷系的基础上组建成立北京印刷学院

北京印刷学院大门

对于学生，凡是从社会招来的，一一介绍到其他相近院校转学学习，来自业务单位的仍回原单位。对于教职员工、干部，黄洛峰一一负责安置到底，各得其所。在他心中十分惋惜的是，花费了许多心血集体创作的那批教材久久未能落实，终成憾事，这常常使他内疚和不安。

文化学院前后存在三年多，时间虽然很短暂，但至

1960年黄洛峰（前排左七）与文化学院艺术研究班学员合影留念

今令人难忘，它的确是具有特色的院校，给在那里学习和工作的人留下了极为深刻的印象。黄洛峰全心全意办学的拼搏精神，培育后辈人才的责任心和使命感，至今仍为人们所称道。他倡议并实施在高等院校增设的出版编辑、发行、印刷等系和专业，以及编写这些学科的教材，填补了大量的空白，这是勇于担当、勇于探索、勇于开拓的创造。他为后人提出重要课题，也为后人开辟了奠基之路，影响了20世纪后期中国的文化出版界，他是当之无愧的杰出的出版家，难得的好院长。他的努力和奋斗在中国现代印刷出版史上留下了辉煌的一页，他为中华人民共和国印刷出版业的长远发展奠定了基础，为社会主义新中国的文化建设做出了重要贡献。

十 情结

黄洛峰离家多年，却乡音未改，乡情不变。云岭之南是故乡，“维桑与梓，必恭敬止。靡瞻匪父，靡依匪母。”。回故乡，往事上心头，更忆旧时好友。他把文士之风骨传给后来者，淡泊和谦和铸就他的风范；他一生一世一书店，传承中华文明的气脉；他为人为师皆楷模，磨砺坎坷成大师。读书出版社、三联书店、新华书店等文化品牌，《资本论》《毛泽东选集》等历史巨著背后都有他的历史印记。

桑梓之情

黄洛峰对故乡怀有深厚的感情，凡是故乡来的人和故乡的事他都关心，与故乡云南的情结从大革命时期一直延续到改革开放时期。

聂　耳

1945年，黄洛峰从重庆回到昆明，他拜访了老朋友和老同志，又上了滇池之畔的西山。西山是昆明附近一座森林茂盛的公园，明嘉靖年间杨慎在《云南山川志》中赞美西山："苍崖万丈，绿水千寻，月印澄波，云横绝顶，滇中一佳境也。"黄洛峰此行上西山不是去观风景，而是前去拜谒聂耳、张天虚墓。

聂耳墓位于太华山与罗汉山之间的山坡，坐西向东，苍松翠柏掩映。聂耳于1903年到上海，1933年加入中国共产党，积极参加左翼音乐、戏剧、电影等活动，创作了《义勇军进行曲》《前进歌》《毕业歌》《大路歌》等歌曲。1935年党组织让他东渡日本以转赴欧洲深造，1935年7月17日，聂耳不幸在日本藤泽鹄沼海滨溺水而逝，年仅24岁。1936年，他的骨灰由挚友张天虚从日本带回上海，1937年由其兄聂叙伦带回昆明，1938年葬于聂耳生前喜爱的风景区——西山华亭寺山间。

聂耳墓碑

张天虚原名张鹤。在中学时，参"云南青年努力会"；在预科学习时就开始文学创作，参加党的秘密外围组织济难会，积极参加"七一一"火药惨案救灾工作和演出活动。在救灾活动中，他认识了聂耳，并结为终生不渝的好朋友。1930年，到上海，加入"中国左翼作家联盟"。1933年，创作长篇小说《铁轮》，郭沫若欣然为之作序，并给予很高的评价。同年，在上海加入中国共产党。1935年3月，为躲避反动军警的追捕，东渡日本，在东京参加《东流》的编撰工作，成为"左联"东京分盟活跃分子。1936年，张天虚亲自把聂耳的骨灰护送回国。

1937年，张天虚奔赴延安，参加了丁玲任主任的第十八集团军西北战地服务团，任通讯股长。他创作的宣传全民抗战思想的独幕话剧《王老爷》首演时，毛泽东曾送给他一支钢笔以示奖励。在繁忙的工作间隙，他写了不少报告文学和战地通讯。1938年初，受中共中央派遣到滇军第184师工作。后在滇军184师建立了党支部，张天虚负责宣传组织工作。他组织编印的《抗日军人》小报，宣传中共的主张和战地情况，很受官兵欢迎。

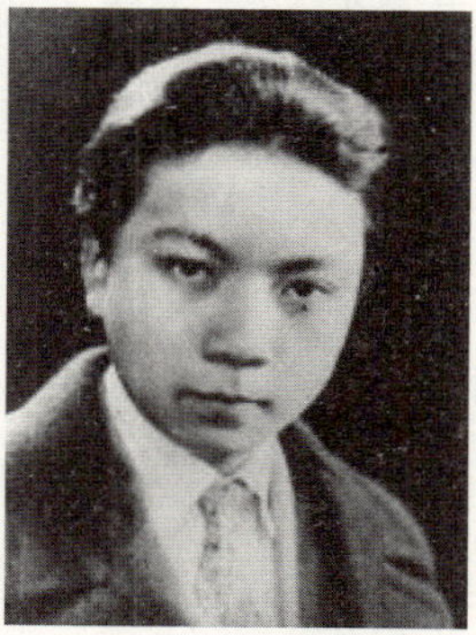

张天虚

张天虚墓

随部队参加了台儿庄战役、徐州会战、鲁苏皖豫突围等战役。在频繁的战斗中，他仍忘我地创作，写下了许多记录中华儿女为民族独立而战斗的血火诗篇，这些作品先后发表在茅盾主编的《文艺阵地》、老舍主编的《抗战文艺》等报刊上，后来汇集为报告文学集《运河的血流》，1939年6月由读书生活出版社出版。

1940年，张天虚辗转来到缅甸仰光，参加当地华侨报纸《中国新报》的编辑工作，宣传党的统一战线。1941年1月因病回国，8月10日病逝。张天虚去世后，云南的党组织和党员想请郭沫若为他写墓志铭，云南的共产党员想到了在重庆的黄洛峰，在云南党组织和党员的要求下，黄洛峰毫不迟疑地和郭沫若取得了联系，不几天就将郭沫若撰写的墓志铭寄给了云南的同志，铭文约有700多字，镌刻在张天虚墓的圆柱体纪念碑上。郭沫若在墓志铭中把张天虚与聂耳并列："西南二士，聂耳天虚，金碧增辉，滇海不孤。义军有曲，铁轮有书，弦歌百代，永示壮图。"

在两位战友的墓前，诸多往事难以忘却。从与聂耳在省立一中的交往，再到张天虚的作品在读书出版社的出版发行……往事涌上心头，五百里滇池涛声依旧，战友们能否听得到？

今天，无数踏青上山的人们也在松林间这两座烈士的墓前流连忘返，他们记住了此地安葬的主人和他们的业绩，青山在，人未老，风景这边独好！在这些踏青上山的人中就有你、我和还有他（她）。

此次返滇，黄洛峰还因为母亲生病回了一趟老家鹤庆。由于他同时肩负着在昆明建立读书分社和中央指派其做隐蔽战线工作的任务，他在家只待了几天便匆忙上路了。黄洛峰因长年在外为革命事业奔波，没能为双亲送终，这成为他终生的一件憾事。

黄洛峰还与滇军将领龙云、张冲保持着良好的私交。从1938年在武汉起，黄洛峰与滇军的友谊就没有中断过，特别是同滇军中的一些中高级将领之间的友谊始终是密切的。在武汉时，黄洛峰陪着叶剑英、罗炳辉到张冲病房看望，他们与张冲进行了长时间的交谈。新中国成立不久，一天晚上，龙云、张冲、蒋南生三位一同到黄洛峰家看望他，大家谈到了社会的发展和变化。

只要张冲来北京开会，就会到黄洛峰家，同时带些云南咸菜、酸菜等土产，他们之间有说有笑，谈个没完。张冲对金沙江的水利建设非常关心，他曾九次到

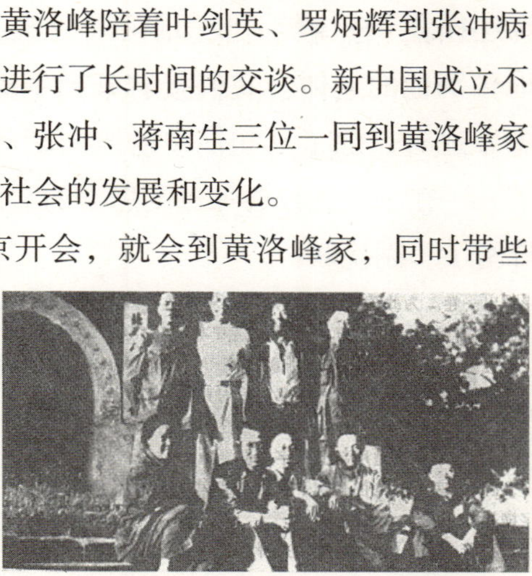

黄洛峰与张冲、范用相会于北京合影留念

金沙江虎跳峡进行考察，第九次对虎跳峡至宜宾河段进行了重点查勘，完成了《有关金沙江水利资源问题的汇报》。报告中强调了水利和水电建设如何更好结合才能有效地解决云南地富人穷、水多田少的难题。他还把这一设想和方案向黄洛峰征求意见。

黄洛峰与艾思奇是同学也是云南同乡，在党内又是同志，他们俩还在党领导的文化战线上长期从事着开拓者的工作，一个在马列主义中国化、哲学大众化方面做出了杰出贡献；另一个在传播科学和文化上做出了杰出贡献，他们之间相互理解、信任、支持并欣赏对方。艾思奇的去世对黄洛峰是一个很大的打击，黄洛峰谈道："在得知艾思奇去世的消息后，我约了老朋友郑易里急忙奔赴阜外医院。在太平间里看见艾思奇安详地在那里，嘴角上依稀还挂着一丝微笑。我抑制不住悲痛，眼眶湿润了，默默地告别他的遗体。我们接着赶到中央党校看望王丹一同志，这时，除了几句简单的慰问话外，再也说不出什么了。"在中央党校参加过艾思奇的追悼会之后不久，黄洛峰写了一副挽联：

宣扬马列，坚持战斗，著作等身，早岁即已蜚声哲学界；

带病蹲点，调查研究，中年英发，何期遽尔长眠八宝山！

黄洛峰评介艾思奇："在他的冷静的外表之下，其实隐藏着一颗灼热的心，就像永不枯竭的源泉一样喷射出它的清泉。他处事认真负责，对人热情诚恳，这些，凡是与他交往稍久的人，是无不深切地感觉到的。思奇同志不仅仅勤于思考，善于钻研，他的学习兴趣也是多方面的，是一个多才多艺的人。""他也是一个头脑极为活泼的人。""思奇同志数十年如一日地不管处在什么环境之下，总是手不释卷，笔不停挥，埋头苦干，坚强不屈地同各色各样的马克思主义的敌人和各种错误倾向进行不懈的斗争，留下了那么多的著述。他的贡献和成就，在思想战线上是会长期闪耀着卓越的光辉的。"

1979年秋天，已经70岁的黄洛峰再次回到故乡云南。他这次回云南有一个特殊的心愿——那就是去看望50年前在昆明牺牲的战友们。他特地来到安葬着战友们的昆明北郊黑龙潭公园，向长眠于此的战友王德三、李国柱、吴澄、赵琴仙四位烈士敬献鲜花。

在中国南方，秋天与春天一样美丽的高原之城——昆明，秋天的黑龙潭公园，银杏叶泛起淡淡的金色和枫叶相间，阳光从树丛中把碎影照射到古朴的石道上，层林尽染的秋色迎接着这位故乡的游子。在四烈士墓前他想起了曾就读过的省立第一

位于昆明黑龙潭公园的王德三、吴澄、马登云三烈士墓

中学，还有难以忘却的1927年，滇越铁路的小火车和查尼皮村，想起了一起并肩战斗过的云南地下党组织中无数忠诚的共产党员们，虽然他们没能看到胜利的那一天，但人民没有忘记英雄和烈士们，每天升起的五星红旗和唱响的国歌永远激励着每一个中华儿女，半个世纪前的诸多往事涌上心头。黄洛峰写下了《悼王德三、李国柱、吴澄、赵琴仙四烈士》：

红霞初露复又暗，地冻山崩难明天。
中原虎变恶称霸，南滇魔爪黑煞鞭。
志士就义屠刀下，烈女青山饮弹眠。
鲜花一束献故友，九泉含笑换人间。

还在一年前，黄洛峰退居二线工作，转到中国历史博物馆任顾问。1979年的冬天，他受国家文物局的委托考察了滇西北的大理、宾川、剑川、丽江等地的文物古迹，他翻山越岭，察看了数座古刹寺庙，登临了宾川鸡足山。

鸡足山雄踞于云贵高原滇西北宾川县境内的西北隅，西与大理、洱源毗邻，北与鹤庆相连，因其山势顶耸西北，尾迤东南，前列三支，后伸一岭，形似鸡足而得名。鸡足山是东南亚著名的佛教圣地，中国汉传、藏传佛教交汇地和世界佛教禅宗发源地，素有“鸡足奇秀甲天下”“灵山佛都、旅游胜地”“天开佛国”“华夏第一佛山”等美誉，以“四观八景”的奇风异彩名冠于世。

1979 年黄洛峰（右二）在云南大理考察

在宾川鸡足山，徐霞客生死一诺重千秋的故事深深地吸引了他，感染了他。明崇祯九年（公元1636年），年已51岁的地理学家徐霞客，与南京迎福寺的静闻和尚从南京出发，前往云南的鸡足山朝圣。他们晓行夜宿，不怕困难和路途遥远，互相鼓励，同甘共苦。途经湖南时，不幸遇到土匪袭击，静闻和尚为了掩护徐霞客，抢救为了献给鸡足山佛寺而用自己的鲜血书写的《妙法莲华经》，身负重伤，不久病逝于广西南宁。徐霞客毅然挑起静闻和尚的遗骸和经文，栉风沐雨，继续向云南进发。经过长途跋涉，崇祯十一年(公元1638年)腊月，徐霞客终于到达鸡足山，亲手安葬背了一年多的同伴遗骸，并把静闻和尚的血书《妙法莲花经》供养于鸡足山祝圣寺藏经楼。

历史的故事，不朽的精神激励着后来者。受传统文化的教育和熏陶，并经历了风雨沧桑的黄洛峰在静闻和尚的坟前想到了许多，自己也许就是那几百年前的徐霞客吧！使命和责任终身担当，共产党员也有自己的生死一诺重千秋的理想、信念和价值观。

黄洛峰的一生展现了中国士林的风范，以天下为己任，仁和道义是基本品格。士并不是生产资料的拥有者，而是“知识劳动者”。士是无恒产的，所以他们并不代表经济势力。但是孟子说：“无恒产者而有恒心者，唯士为能。”究其原因，正是曾子所说的：“士不可以不弘毅，任重而道远。仁以为己任，不亦重乎？死而后已，不亦远乎？”因为士具有独立不倚的人格，坚强、果敢的品质，因为在他们身上，负有重大的历史使命和落实这一使命所必须的艰难崎岖的人生历程。

万里壮游何所求？只因灵山在心头；
义士高风菩提骨，生死一诺重千秋。

1979 年黄洛峰在云南大理蝴蝶泉

这次他考察的文物古迹名重西南，影响远及东南亚，在“文化大革命”中遭到严重破坏。黄洛峰不顾古稀之年，不惧山高路险，满怀热情地登上了海拔3000多米的鸡足山和剑川石宝山等地，进行详细的调查，同大理白族自治州的领导研究，提出了修复意见。这一次，黄洛峰还回到了自己的故乡——滇西北的鹤庆，家乡人民热烈地欢迎鹤庆的第一位共产党员归来。

洛峰返回昆明后仍然兴致勃勃，表现出一种完成任务后的兴奋，在昆明的连云巷，他和老友相见，依然忘记不了云南石屏的豆腐干，他不顾受伤之痛，忙着返回北京了，他说，等保护修复鸡足山、石宝山的建议和拨款批准后再到云南来，家乡的人们盼望着他再来，不料此次竟成了永别。

他永远在我们的生活中

黄洛峰对同志给予亲切的关怀，对友人真诚相待。高士其从美国留学回来，他在美专攻细菌学，在做实验时，不幸细菌侵入大脑，使脑神经中枢受损，行动不便，在上海读书生活出版社时，黄洛峰对高士其的关心感染了全社同仁。黄洛峰对高士其的生活精心照顾，安排他在三楼前楼居住，那里向阳明亮温暖，有利于他的休养，使他有一个较好的写作环境，安排读社的职工为高士其理发、沐浴、送饭、送水。有一位战友从苏州监狱释放出来，由于长期被敌人摧残折磨，身体受到伤害，黄洛峰尽力帮助他恢复健康，安置这位战友在读社内做一些轻微适当的工作，鼓励这位战友坚定革命意志，把组织对同志的关怀落到实处。

在山城重庆，读书出版社的员工还记得黄洛峰要大家注意劳逸结合，会工作还要会休息。有时星期天带领大家郊游，到乡间走一走，然后回到城里下馆子吃顿饭，改善一下生活，让员工在工作中轻松愉快。1941年11月，在黄洛峰写给刘大明的信中，表达了一种乐观向上的革命志气，这封带密语的信中写道："家林一直在病着（指孙家林在贵阳被捕一直未能获释），汉清的一个小弟弟最近又病了（和张汉清一道在曲江工作的倪子明被捕）。窦府（读社）真是多灾多难，但是窦大哥（读社领导）精神还好，虽然事情不大如意，此病彼病，他还是很精神的挣扎下去，这是我们大家引以为慰的。"今天我们再来读这封75年前的信件，很难体会到那时的读社被国民党查封，人员被抓，但读社的领导仍然在顽强地坚持着，经理黄洛峰就是全社同人的窦大哥，他的精神影响和鼓舞着大家努力奋斗、不断前行。

在香港期间，他会约同仁，坐巴士翻山到香港仔去玩，还带大家品尝海鲜，他的工作和生活是充实又是活泼的。

任出版总署时的黄洛峰，有空时一早到北海公园，泡上一壶家乡的普洱茶坐在那里休息，他好整以暇的工作方法让人欣赏和景仰，他不为繁重的工作拖住，总是能够驾驭工作的节奏，不为事务所淹没，有劳有逸以保持清醒的头脑，保持一种思考的状态。

他在文化学院工作期间，树立起了良好的风气。如果你住的房间里水电出了毛病，来检修时你不在家，回来时，你一定会见到这样的条子："某某同志，我们已经到过您的房间，请原谅！要检修的项目，已经修理好了。"当时管理图书的是一位年轻的女同志，不管谁去借书她总是热情接待，她如有空，还帮助你查找，如果你需要的书一时没有，或因借出未能还回，过不了几天，不用你去催问，她就会给你送来。

黄洛峰一路走过读书出版社、三联书店、出版署、文化学院，他带着一颗真诚善良的心面对同仁，把负责过的单位和集体都建设成有坚强的凝聚力和战斗力的集体，把单位建设成了一个十分温暖的革命大家庭，他真诚待人的品格、勇于开拓和探索进取的士林风范影响了一代又一代人，他是一个敦厚诚实的长者，与他共过事或没有共同过事的人们都时常怀念着他，正如他的战友唐登岷写道的：

铁肩担道义，热血播红花。
风雨惯来去，丹心染晚霞。

在黄洛峰生命的最后日子里，他最关心的仍然是三联书店的事，是如何计算三联书店老员工的革命时间和工龄问题，他难忘读书出版社，难忘三联书店，难忘一切与他风雨同舟而共同走过来的同事和战友们。

今天，我们从读书出版社留下的大量珍贵的历史照片、信函和回忆文字中仍然能感受到同志间的真情和温暖，我们事业的立足点在人民，依靠的也是人民。黄洛峰的为人得到上至国学大师，下至读社的普通员工的敬重，人们怀念他，并不因为他是领导，而是因为他是真情温暖人心的长者！

用传统文化教育子女

黄洛峰的家风是纯朴的。他时常嘱咐子女们："要一辈子认真做人，一辈子认真做事。"他要求子女们不要只看文学作品，要看些历史、哲学，他谈到文史哲是一家，要多动脑筋，要学会分析问题，不要盲目地陷在其中。在孩子们小的时候，他带孩子们去故宫博物院参观绘画馆和书法馆。一次孩子们沿着一间间展室跑回到黄洛峰身边时，他轻声说到："在这里要安静，不要跑。"

1973年，国庆期间，黄洛峰带着子女们去看《清明上河图》真迹，并告诉子女们，每年只有9月底10月初这两三个星期内，故宫才会展出582厘米的张择端的《清明上河图》及《游春图》《簪花仕女图》《韩熙载夜宴图》《韩滉五牛图》等真迹，因为只有这段时间的温度和温度才适合展陈这些珍品。

受中国传统文化教育的他，还告诉子女们如何欣赏中国画。他认为欣赏一幅中国画主要看八个方面：一是画工。一幅作品，可表现出作者的成就。画面的形象，就是画工的具体表现，我们主观的评价一幅画的优劣，主要还是受画工的影响。二是书法。中国画和西洋画的不同之处，其中一项就是书法。中国画的画面上常伴以诗句，而诗句是画的灵魂，有时一句题诗，如画龙点睛之笔，使画增色不少。而画中的书法，亦影响画面至大。书法不精的画家，大多不敢题字，虽然仅具签署，亦可窥其良莠。三是印章。画面上常见的印章有：画家的印鉴、题字者的私章、衬托用的闲章、收藏者的印章、欣赏者的印章、鉴证者的印章等。而印章的雕工、印文的内容、盖印的位置等都在评价之列。尤其古画，往往有帝皇、名家、藏家和鉴赏家的印鉴，可鉴真伪。四是装裱和框饰。中国画的装裱别具一格，常见的有纸、绫两大类。绫裱较精。裱边的颜色、宽窄、称边、接驳、裱工等都十分讲究。日本近代的裱工另有风味，对现代的裱画方式有一定影响。好的装裱，能把一幅画衬托得更为精美悦目，名贵大方。框饰。如用压镜方式将画藏在玻璃框下，其采用的框边材料、颜色、大小等对画的美观影响极大。五是内涵和功力。中国人欣赏字画不单单欣赏表面工夫，更着重作品和作者个人之间的相互关系。功力。从事书画修养越久的人，他表现出的功力是初学者无法比拟的，尤其是书法，老手多苍劲有力，雄浑生姿。在国画方面，其线条、设计、意境亦表现出作者的功力。所以经验丰富的艺术家，其作品往往较年轻画家有所不同，这表现的就是功力。六是布局。布局看来像是画面的设计，其实是作者胸怀中的天地从画面布局中表现出来。中国画与西洋画不同的地方甚多，最明显之处就是“留白”。国画传统上不加底色，于是留白甚多，而疏、密、聚、散，成为留白的布局。在留白之处，有人以书法、提诗、盖印等来补白，亦有让其空虚，故从布局中可见作者独到之处。七是学养和人品。功力及布局可于画面窥其一二，至于作者的学养，对其作品影响至大，故中国有“文人画”之称。著名文人，其作品的与众不同之处，就是一种“书卷气”。画家与画匠之分别，学养是条件之一。人品。西方画家，往往以浪漫不羁，游戏人间为乐。而欣赏者只观其画而不理画家的思德。中国人不同，书画家如是行为不检、道德败坏、声名狼藉、大奸大恶者，其书法美术再精美，亦无人问津；八是诗句和印文。字画中的诗文词句，往往代表作者的心声。一首好诗，能表现作者的内涵和学养；一句好句，亦给作品画龙点睛。最难得的是作者能为自己的画面题诗，不抄袭他人旧作，更显独特。至于书法亦然，抄一首古人的诗，别人看来，只观其字，因为内

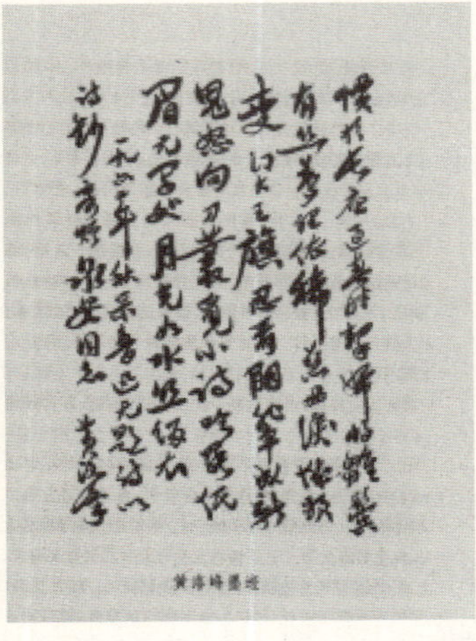

黄洛峰的墨迹

容不是作者心声，而是古人翻版而已，到底欠缺了作者的灵魂。印文。无论字或画，常有“压角”的闲章出现。所谓压角，就是画面或书法留白的角落。而印上的文字，有时对作品的影响很大。从印文中亦可见作者的心态或当时的环境。好的印文，配以好的雕刻刀法，盖在字画上，使作品更添光彩。

如果能从作品产生的背景，作者的个人经历和思想情感，从作品创造的意境中领悟作者的用心，与画家一同喜怒哀乐，达到情感上的共鸣，这就提高了一个层次，达到了由感官进入到理性鉴赏阶段。如果能对中国画发展的来龙去脉有所了解，把画家的具体作品放在历史发展的长河中去考察，找出它的继承和成就，认识画家的独创性，并借助联想和想象，理解作品的意义，那就进入到了更高的理性阶段。就能揭示中国绘画历史的辉煌与神韵，各种绘画名作的独特技艺，丰富生动的意象中蕴藉的精神情感和审美特质。

中国画的鉴赏，不同的历史时期有不同的标准，而中国画的鉴赏标准往往和创作的标准是一致的。最完整的古代中国画创作和鉴赏标准是“六法论”，他是南齐人物画家谢赫提出的。了解古人的评画理论，可以帮助我们客观的品评古代美术作品，做到以古人之法评古人之画，以解其意。

他还领子女们参观中国历史博物馆，细心地向子女们讲述对中国通史陈列中的中国猿人北京种头盖骨及其复原像，半坡村母系氏族社会遗址的复原陈列以及司母戊大方鼎。

在教子女们书法，就研墨问题，他谈到，要立得直，不要倾斜；研墨的方向要一致，不要忽顺时针，忽逆时针；墨在砚台里研的圈子要一致，不要忽大忽小；研磨的速度要一致，不要忽快忽慢。他还教子女们如何选笔、选墨、选砚、选纸等等。他带领子女们参观荣宝斋木片水印的工艺流程，了解中国的传统工艺美术。了解师傅们手工刻版、上色、套印等工艺。他用行动教育子女们要记住中国的传统文化，记住我们这个民族的根，热爱我们这个多民族的国家，热爱我们这个伟大的民族，热爱中华民族生存的这片辽阔土地，热爱大自然。

1980年11月2日，《光明日报》发表了黄洛峰的《隆化董存瑞烈士墓》（七律）诗，这是黄洛峰最后发表的诗作，在病榻上的他得知该诗发表，很是欣慰，两天后，这位老人便去世了。

“履霜紧冰松柏之操，洛峰先生士林典范。”这是尊敬的国学大师、国家图书馆馆长任继愈先生得知出版博物馆要出版《黄洛峰纪念文集》时，欣然题写的词，任老先生还写道：“我们在干校很谈得来，对他的为人，我很敬重。只是生逢乱世，不得尽展其才。那是国家的灾难，个人的命运无法掌握。”

2009年，在中华人民共和国成立60周年之际，为大力宣传我国出版工作者在新中国政治建设、经济建设、文化建设、社会建设、生态建设中发挥的重要作用和做出的独特贡献，进一步弘扬出版工作者身上体现出的中华民族的优秀品德及对人民出版事业的忠诚、坚毅和勤奋，让公众进一步了解这个记载历史、发展文化、传承文明的崇高职业，使社会各界更好地理解、支持和帮助出版工作，受新闻出版总署委托，中国出版工作者协会和韬奋基金会，联合中国出版科学研究所、中国出版集团、中国印刷技术协会、光明日报社、新闻出版报社、中国图书商报社、中华读书报社、《人物》杂志社、新浪网等单位，共同举办新中国60年百名杰出出版人物评选活动，黄洛峰以自己独到的文化理论建树、独特的出版实践创造及对中国

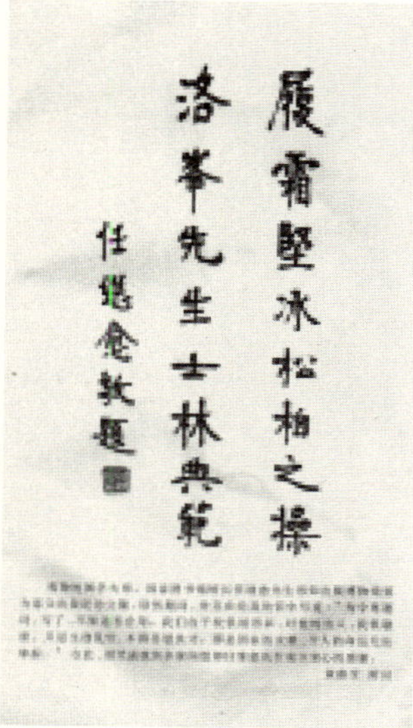

国家图书馆馆长任继愈先生为黄洛峰题字

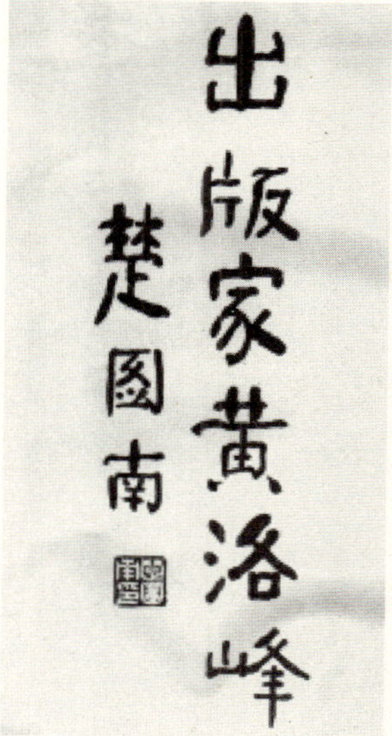

著名的文学家、书法家、学者楚图南为黄洛峰题字

出版业的发展、改革与繁荣做出的杰出贡献；以其工作和业绩有较强的代表性、示范性、典型性当选为新中国杰出的出版家之一。他是云南人的光荣，是三联人的光荣，他是中国文化界的传奇人物，他为事业奋斗的精神和士林的典范永远的激励着后来者。